Schnelle Thüringer Küche

Gudrun Dietze

BuchVerlag
für die Frau

Schnelle Thüringer Küche

Noch mehr leichte Rezepte zum Kochen und Backen

Inhalt

ISBN 3-932720-30-X

7. Auflage 2000

Vorwort: Renate Florstedt
Zubereiten der Speisen, Backen: Gudrun Dietze
Fotos: Sigrid Schmidt
Typografie und Einband: Lore Jacobi
Lektorat: Christa Winkelmann
Satz: TypoLiner GmbH Leipzig
Druck und Binden:
Salzland Druck GmbH & Co. KG, Staßfurt
Printed in Germany

Kochen und Backen

mit Vergnügen

»Wen Gott lieb hat, dem baut er ein Haus in Thüringen.« Dieser Spruch ist in einem Jagdschloß bei Kahla und in mancher Thüringer Wohnstube zu finden. Verfaßt haben muß ihn jemand, der gleichermaßen das grüne Land wie seine sagenhaft gute Küche liebte. Zu ihr gehören aber nicht nur Klöße und Bratwurst oder die vielseite Verwendung von Kräutern und Gewürzpflanzen; sie ist vor allem geprägt durch Traditionen, in denen die einst überwiegend dörfliche Lebensweise der Thüringer fortbesteht.

❤

Kochen und Backen haben in Thüringen einen anderen Stellenwert als anderswo. Es sind ausgesprochen vergnügliche Angelegenheiten! Dort, wo man so gern feiert, wo alle Familienfeste noch heute dörfliche Höhepunkte sind, dort, wo jeder jeden kennt und Anteil an dessen Geschick nimmt, wo Nachbarschaftshilfe und Solidarität noch zum Alltag gehören, ist die Kunst der Bewirtung aufs höchste entwickelt.

Wer Gäste erwartet, kostet die Vorfreude auf den Besuch schon bei den Vorbereitungen aus. Da werden en gros die so überaus schmackhaften und bewährten Kuchen gebacken, mit denen jederzeit Ehre einzulegen ist, oder Rostbrätel mariniert, denen beim sommerlichen Grillfest weder Freunde noch Verwandte widerstehen können. Das Leben aber besteht nicht nur aus großen Festen.

Im Alltag ist nicht immer die notwendige Muße vorhanden, um aufwendige Gerichte zuzubereiten, oder die Geduld, dem Hefeteig für die köstlichen Blechkuchen ausreichend Zeit zum »Aufgehen« zu lassen. Auch verändern sich bestimmte Lebensgewohnheiten, vor allem unter der jüngeren Generation. Da beschließen Freunde spontan, miteinander zu feiern und suchen nach schnellen Gerichten. Oder das Zeitbudget einer Familie ist aufgrund beruflicher Belastungen einmal so schmal geworden, daß es nur für einen raschen Imbiß reicht. Es fehlt auch einfach manchmal die Lust, stundenlang in der Küche zu stehen. Viele Gründe sind möglich.

Gudrun Dietze wurde deshalb – bei aller Anerkennung für den bereits gedruckt vorliegenden reichen Erfahrungsschatz ihrer Küchenpraxis – immer öfter gefragt: »Haben Sie nicht auch ein paar ganz schnelle Rezepte, für die man wenig Zeit braucht?«

Auch hier konnte die erfahrene Thüringer Köchin und Backfrau aus Chursdorf bei Schleiz helfen. Und wieder griff sie auf die Traditionen der Region zurück. Denn schnelle Gerichte gehörten und gehören einfach zum bäuerlichen Alltag. Ganz gleich ob in den reicheren Höfen im fruchtbaren Unterland oder bei den Häuslern und Tagelöhnern im Oberland – in den Spitzenarbeitszeiten während der Ausaat oder der Ernte hatte niemand Zeit für aufwendige Mahlzeiten. So gibt es – mal üppiger, mal schlichter – viele nahrhafte, wohlschmeckende, schnell zuzubereitende Gerichte, deren Rezepte von Generation zu Generation weitergegeben worden sind.
Gemüseaufläufe und Eierspeisen gehören dazu, Tiegelgerichte mit vielen Beilagen, Kartoffelpfannen und Nudelspeisen, nahrhafte Salate und köstliche Fischgerichte. An Fleisch bevorzugt Gudrun Dietze für ihre Schnellküche Hackfleisch, Leber, Geflügel, Geschnetzeltes und natürlich Schweinekamm, aus dem die köstlichen Rostbrätel entstehen. In diesem Buch sind ganz neue Variationen des – nach den Klößen – zweitwichtigsten Thüringer Nationalgerichts zu finden.
Gudrun Dietze hat bei ihrer Auswahl auf die Küche der Vorfahren geschaut, aber dieses Erbe nicht unkritisch übernommen. Sie achtet auf gesunde Ernährung und hat die alten Rezepturen modernisiert. Das betrifft zum einen die Zutaten, die sie erweitert und heutigen Möglichkeiten und Gewohnheiten angepaßt hat. Waren früher nur Nudeln und Makkaroni bekannt, bezieht sie heute in ihre Speisevorschläge durchaus das reichhaltiger gewordene Teigwarenangebot ein.
Das gilt auch für die Zubereitungsweise, bei der sie die veränderten Ansprüche bedenkt. Früher mußten die Gerichte vor allem satt machen, denn körperlich schwere Arbeit war dominierend. Heute ist leichtere Kost erwünscht.

»Die Thüringer Küche ist eine Kuchenküche. Und allerorten wird hier die Bäckerei zum Kult erhoben.« Obwohl Gudrun Dietze weiß, daß vor allem beim Backen die Tradition hoch gehalten wird, hat sie sich nicht gescheut, Vereinfachungen anzubieten. Sie berücksichtigt dabei sowohl die moderne Ausstattung vieler Haushalte mit Kühltechnik, die eine andere Art von Vorratswirtschaft erlaubt, wie den Wunsch

vieler junger Hausfrauen nach schnellen, aber guten Rezepten.
So sind in diesem Buch beispielsweise erstmals nützliche Ratschläge zu finden, wie der Teig für die guten Thüringer Blechkuchen auf Vorrat zubereitet und eingefroren werden kann.
Auch ein Quark-Öl-Teig wird vorgestellt, mit dem ebenso saftige und schmackhafte Kuchen herzustellen sind. Natürlich präsentiert sie auch wieder ganz neue Kuchenrezepte.
Alle Rezepte sind – je nach Appetit – für 3 bis 4 Personen berechnet.
Gudrun Dietze gibt neuerlich einen Teil ihres großen praktischen Erfahrungsschatzes weiter. Sie reiht sich damit ein in die lange Liste der ambitionierten Hauswirtschafterinnen und Kochfachfrauen, die in sich gleichermaßen Pflicht wie Berufung fühlten, die allgemeine Küchenpraxis durch Aufklärung zu verbessern und somit beizutragen zu einer ebenso gesunden wie schmackhaften Küche.
Henriette Davidis, Lina Morgenstern, Alma Henschel, Henriette Löffler, Sophie Wilhelmine Scheibler, Emma Allestein, Caroline Funck und viele andere wirkten im ausgehenden 19. Jahrhundert bzw. im beginnenden 20. Jahrhundert als Lehrerinnen der nachwachsenden Generation; manche im direkten Sinne, da sie auch regelrechte Hauswirtschafts- und Kochschulen leiteten, andere ausschließlich im indirekten Sinne – als Autorinnen von Büchern, die damals erstaunlich hohe Auflagen erzielten, also nützlich, da begehrt waren.
Die große Nachfrage nach Gudrun Dietzes bis dato erschienenen Büchern, der enorme Zuspruch, den sie bei Veranstaltungen und Signierstunden erlebt, die zahlreiche Post, die sie beim Schreiben immer wieder ermutigt, vor allem der Zustrom junger Frauen lassen den Schluß zu, daß ihre regional gefärbten, aber überregional bedeutsamen Koch- und Backbücher auf einen ähnlichen Bedarf gestoßen sind.
Mit ihren vielseitigen Rezepten der »Schnellen Küche« fügt Gudrun Dietze ihren bereits erschienenen Büchern eine weitere Facette zu. Auch für diese Rezepte gilt: Sie sind vielfach erprobt, leicht verständlich dargestellt und gelingen garantiert.

Autorin und Verlag
wünschen guten Appetit!

Kurzgerichte

Porreenudeln

400 g Gehacktes, 50 g Butter,
150 g Zwiebeln,
400–500 g Porree,
1/4 l Gemüse- oder Hühnerbrühe,
275 g Spirelli oder andere Nudeln

Gehacktes in die Pfanne mit der erhitzten Butter zupfen, eventuell würzen, Zwiebelwürfel zugeben und alles unter Rühren anschwitzen, bis die Zwiebel glasig ist. Die Porreeringe unterrühren und solange braten, bis der Porree zusammengefallen ist (2–3 Minuten). Brühe zugießen und zugedeckt noch 5–10 Minuten dünsten, bis keine Flüssigkeit mehr da ist. Die nach Vorschrift gekochten Spirelli oder andere Nudeln gut abtropfen lassen und mit der Porreemasse vermischen. Statt Gehacktem gebratene Waldpilze untermischen (dann reicht die halbe Porreemasse) – vorzüglich!

Auch wer sonst keinen Porree mag, wird bald von diesem köstlichen Kurzgericht mit seinem einzigartig lieblich-würzigen Geschmack begeistert sein.

Gemüsenudeln

Je 125 g Kohlrabi, Möhre und Lauch,
50 g Sellerie, 25 g Butter,
1/4 l Gemüse- oder Hühnerbrühe
(2 TL Brühpulver),
1 Paket gefrostete Erbsen,
400 g Gehacktes,
1 kleine Zwiebel, 20 g Margarine,
250–300 g Spirelli

Kohlrabi und Sellerie in Stifte, Möhren in kleine Würfel und Lauch in Streifen schneiden. In Butter anbraten, Fleischbrühe zugießen, zugedeckt in 10–12 Minuten weichdünsten. Gefrostete Erbsen unterrühren und noch 5–10 Minuten ziehen lassen. Gehacktes mit kleingewürfelter Zwiebel und eventuell Pfeffer und Salz vermischen. Walnußgroße Kugeln formen, in wenig Margarine ringsum schön braun braten. Spirelli nach Vorschrift weichkochen, abgießen, mit Gemüse und Gehacktem mischen.

Ein sehr schmackhaftes und äußerst appetitlich aussehendes Schnellgericht.

Leberwurstauflauf

200 g Zwiebeln (4 Stück),
30 g Margarine,
400 g frische Leberwurst
(Hausmacherart),
1 Apfel,
2 Eier, 1/2 l Milch,
1 Semmelkopf,
Schnittlauch,
Salz und Pfeffer

Die Zwiebelwürfel in heißer Margarine glasig braten, die Leberwurst mit einem geriebenen Apfel geschmeidig rühren und auf die Zwiebelwürfel geben. Dann unter Rühren alles kurz durchbraten. Eier mit Semmelwürfeln in der Milch verquirlen und zur Leberwurst geben, unter Rühren durchbraten lassen, dann noch 10–15 Minuten in der Röhre bei 125–150 °C stocken lassen. Mit Schnittlauch bestreuen.
Dazu ißt man Salzkartoffeln und rohen Sauerkrautsalat (S. 37).

Tip: ***Mit einem kräftigen Bier serviert ist das ein richtiger »Seelenwärmer«.***

Eier in Sahne-Senfsoße

50 g Butter,
2 EL Mehl,
2 EL Senf,
1/4 l Brühe
(2 gestrichene TL Brühpulver),
200 g Schlagsahne oder Schmand,
1 TL Zucker, 1/2 TL Salz,
6–8 hartgekochte Eier,
Schnittlauch

In der erhitzten Butter das Mehl anschwitzen, dann Senf dazu geben und kurz mitschwitzen. Die Brühe auffüllen und mitkochen lassen. Sahne zugeben, mit Zucker und Salz abschmecken. Die längs halbierten Eier mit der Soße auf den Teller geben und mit Schnittlauch bestreuen.
Dazu Salzkartoffeln und ein frischer Salat (S. 46/47).

Ein uraltes Gericht, das auch heute noch sehr gern gekocht wird.

Überbackenes Fischfilet in Kräutersahne

1 Glas Champignons, 20 g Butter,
150 g Zwiebeln, 2 EL Öl,
100 g Schinkenspeck, 500 g Kartoffeln,
400 g TK-Fischfilet, Zitronensaft,
150 ml Schlagsahne, 2 Eier,
Salz, Pfeffer, 2 EL Kräuter
(Dill, Petersilie, Schnittlauch),
1 EL Semmelmehl, 40 g Butter

Die abgetropften Champignons in der Butter anbraten, Zwiebelwürfel und Öl zugeben und glasig dünsten. Gewürfelten Schinkenspeck und gekochte Kartoffelscheiben unterrühren und ein wenig mitrösten lassen. Die Hälfte davon in eine gefettete Auflaufform geben und die gesalzenen und gepfefferten Fischfilets darauf legen, mit Zitronensaft beträufeln und die restliche Kartoffelmasse rings um den Fisch legen. Sahne mit Eiern, den frischen, gehackten Kräutern, Salz und Pfeffer verquirlen und darüber gießen. Mit Semmelbrösel bestreuen und Butterflöckchen darüber geben. In der Röhre 40 Minuten bei 150–175 °C überbacken.

Das Grundrezept mit Salzhering ist unter Schusterpastete als Arme-Leute-Essen bekannt. Es wurde so verfeinert, daß heute ein wohlschmeckendes, deftiges Fischgericht daraus wurde.

Tiegelwurst

2 Zwiebeln,
2 Stangen Porree (200 g),
2 TL Öl,
400 g frische Blutwurst
(Hausmacherart)
oder aus der Dose,
1/4 l Fleischbrühe (1 TL Brühpulver),
1 gehäufter EL Semmelmehl oder
1 eingeweichte Semmel

In einem Tiegel Zwiebelwürfel mit Porreescheiben in Öl leicht anschwitzen. Blutwurst zugeben und rühren, bis sie allmählich zerfällt. Das in der Brühe verquirlte Semmelmehl unterrühren, durchkochen und dann in der Röhre bei 150 °C noch 15 Minuten backen.
Mit Pell- und Salzkartoffeln und rohem Sauerkrautsalat (S. 37) auftragen.

Tip: ***Statt Fleischbrühe besser Gemüsebrühe oder Hühnerbrühe verwenden, das gibt einen lieblichen Geschmack.***

Gehacktespfanne

400 g Gehacktes,
Salz, Pfeffer, Kümmel,
25 g Margarine,
1 Zwiebel,
1 Knoblauchzehe,
300 g Tomaten,
2 EL Tomatenketchup,
1 TL Basilikum (getrocknet),
1 TL Thymian (getrocknet)

Ungewürztes Gehacktes mit Salz, Pfeffer und Kümmel verkneten, dann in eine Pfanne mit erhitzter Margarine zupfen, Zwiebel- und Knoblauchwürfel gleich dazu geben und so lange braten, bis das Gehackte zerkrümelt und die Zwiebel glasig ist. Dabei muß immer gerührt werden. Tomaten kurz in heißes Wasser tauchen und abziehen, dann kleinschneiden und mit dem Gehackten weiterbraten lassen. Ketchup einrühren, alle Gewürze zugeben und unter Rühren noch ein wenig einbraten lassen. Mit Salz abschmecken.
Dazu passen Butternudeln und ein frischer Salat.

Weil es so schnell geht, wird es immer wieder zubereitet. Jeder kennt das kräftige und würzige Gericht.

Lebergulasch

400–500 g Leber,
1 gehäufter EL Mehl,
40 g Butterschmalz,
100 g Zwiebel,
$^{1}/_{4}$ l Brühe,
125 ml Schlagsahne,
1–2 Gläser Champignons,
20 g Butter,
$^{1}/_{2}$ TL Salz, Pfeffer

Leber würfeln und auf einem Teller in Mehl wenden. Im erhitzten Butterschmalz unter Rühren ringsum schön braun braten. Zwiebelwürfel zugeben und miträsten, bis sie goldgelb sind. Die Hälfte der Brühe zugießen, aufkochen und die Sahne zugießen. Sahne kurz mitschmoren und den Rest Brühe zugießen. Champignons in Butter braten und unterrühren. Mit Salz und Pfeffer abschmecken.
Dazu Kartoffelpürre, Butternudeln oder trockenen Reis und einen Salat (z. B. Zigeunersalat S. 46).

Tip: ***In Scheiben geschnitten, werden die Pilze knuspriger, und das Gericht schmeckt noch würziger.***

Putengeschnetzeltes in Sahnesoße

400 g Putenbrustfilet, Pfeffer aus der Mühle, 2 TL gerebelter Thymian, 1 Knoblauchzehe, 3 EL Öl, 1 EL Butter, 2 gehäufte TL Mehl, 1 TL Salz, 1 TL Edelsüßpaprika, 2 Gläser Champignons, 200 g Schmand, 1/8 l Weißwein, 1 Tasse Champignonbrühe

Putenfleisch in nicht zu schmale Streifen schneiden. Mit Pfeffer, Thymian, feingehacktem Knoblauch und 2 EL Öl vermischen. Wenigstens eine halbe Stunde stehen lassen oder auch über Nacht zugedeckt kühl stellen. 1 EL Öl und Butter in einer Antihaftpfanne erhitzen und die Putenstücke hineinlegen, mit Mehl bestäuben und in 8–10 Minuten ringsum schön scharf anbraten. Salzen und Paprikapulver untermischen, dann aus der Pfanne nehmen und warm stellen. Die frischen oder abgegossenen Champignons aus den Gläsern im Rest Pfannenfett etwas kleingeschnitten unter Rühren braten lassen, bis sie etwas zusammengeschmort sind, dann den Schmand einrühren und das Fleisch zugeben. Den Wein und die Champignonbrühe dazu gießen. Zugedeckt bei wenig Hitze noch 10–15 Minuten weichschmoren. Mit Salz und Pfeffer abschmecken. Zu Butternudeln, Butterreis oder Rösti mit frischem Salat.

Eier-Leber-Pfanne

300 g Leber,
2–3 EL Butter,
100 g Zwiebeln,
4 Eier,
4 EL Milch,
1 TL Salz,
Pfeffer aus der Mühle,
Schnittlauch

Die in Streifen geschnittene Leber mit den Zwiebelwürfeln im erhitzten Fett ca. 3–5 Minuten unter Rühren braten, bis die Zwiebel glasig ist. Eier mit Milch verquirlen, Salz und Pfeffer zugeben und über die Leber schütten. Etwas stocken lassen, dann mit der Leber leicht verrühren. Schnittlauch darüber streuen.
Dazu paßt ein bunter Speckkartoffelsalat (S. 33).

Ein gleichermaßen einfaches wie wohlschmeckendes Gericht.

Blumenkohlsuppe

1 kleiner Blumenkohl,
1–1 1/2 l Geflügelbrühe,
50 g Butter,
2 leicht gehäufte EL Mehl,
1/4 l Milch,
2 Eigelb,
2 TL Kerbel, Petersilie

Blumenkohl in kleine Röschen zerteilen und kurz waschen, dann in der heißen Fleischbrühe 5–6 Minuten kochen. Butter zerlassen, Mehl einrühren und mit kalter Milch allmählich verrühren. Dann noch etwas Fleischbrühe auffüllen, aufkochen lassen, unter Rühren in die Suppe gießen und noch einmal aufkochen. 1/4 Tasse von der Suppe etwas abkühlen lassen, die Eigelb hinein rühren, in die vom Feuer genommene Suppe geben und flott unterrühren, nicht mehr kochen! Frischen oder getrockneten Kerbel einrühren und mit gehackter frischer Petersilie bestreuen.

Tip: ***Erst der frische Kerbel macht den vorzüglichen Geschmack! Auch mit Spargel statt Blumenkohl möglich.***

Lachsnudeln

300 g gefrostetes Butter- oder Pfannengemüse (Erbsen, Möhren, Blumenkohl),
125 ml Gemüse- oder Hühnerbrühe (1 TL Brühpulver),
2 EL Schmand oder Crème fraîche,
250 g Bandnudeln,
1 TL Salz,
Worchestersoße,
400 g Räucherlachs

Gefrostetes Gemüse mit Brühe in einer Deckelpfanne zugedeckt ca. 4–5 Minuten kochen lassen, bis die Brühe ziemlich verdampft ist. Schmand einrühren und die nach Vorschrift gekochten Nudeln (in leichtem Salzwasser) mit einigen Tropfen Worchestersoße abschmecken. Die Folie von der Räucherlachspackung entfernen und den Lachs gleich auf der Pappe in breite Streifen schneiden, dann in große Stücke zerteilen und ganz locker unter die Nudeln heben.

Einfach, schnell, aber sehr schmackhaft – so sind die Lachsnudeln seit erst wenigen Jahren in Mode gekommen.

Räucherlachs mit Kräutersoße

Dill, Estragon, Kerbel,
1 Becher Kräuter-Crème fraîche,
50 g Kräuterfrischkäse,
50 g Schmand,
1 TL Senf,
2 TL Meerrettich,
2 TL Zitronensaft,
400 g Räucherlachs

Die fein gehackten Kräuter mit Crème fraîche, Frischkäse und Schmand verquirlen. Mit Senf, Meerrettich und Zitronensaft abschmecken. Zum milden Lachs sollte die Soße etwas kräftiger sein.
Dazu passen Petersilienkartoffeln.

Tip: ***Ein beliebtes Gericht der Neuzeit für heiße Tage.***
Auch Räucherforelle kann so zubereitet werden.

Heringshäckerle

1 Paket Matjesheringe (400–500 g),
3–4 Gewürzgurken,
100 g Schnittkäse,
100 g Fleischwurst, 1 EL Öl,
2 hartgekochte Eier,
2 Zwiebeln,
1 Becher Kräuter-Crème fraîche,
50 g Schmand,
Dill, Kerbel, Schnittlauch,
Estragon, Zitronensaft

Die Heringe aus der Packung nehmen und 2 Stunden in kaltes Wasser legen, gut abtropfen lassen und in große Stücke schneiden. Gurke, Käse und Wurst gewürfelt dazugeben. Mit Öl vermischen, mit Eivierteln und Zwiebelringen garnieren und Kräutersoße dazu geben: Dafür Crème fraîche, Schmand und Kräuter vermischen und mit Zitronensaft abschmecken. Schnittlauch darüber streuen.
Dazu Röstkartoffeln (S. 32).

Früher wurden gekochte Kartoffeln längs zerschnitten, ausgehöhlt auf dem Blech geröstet, dann mit der Masse gefüllt und Sauerrahm darüber geschöpft. So oder so – auf alle Fälle ist es eine sehr würzig-pikante Mahlzeit aus alten Zeiten.
In manchen Gegenden schreibt man auch »Heringshekerle«.

Geröstel

400 g Gehacktes,
Salz, Pfeffer, Kümmel,
1 TL Butter,
3 EL Öl,
700 g Kartoffeln,
100 g Zwiebeln,
100 g Porree,
Schnittlauch

Ungewürztes Gehacktes mit Salz, Pfeffer und Kümmel würzen und in wenig Butter unter Rühren krümelig braten. Rohe, in ganz feine Scheiben geschnittene Kartoffeln salzen und pfeffern und im heißen Öl anbraten, dann mit der grob gewürfelten Zwiebel weichdämpfen. Porreeringe zugeben und noch etwas braten lassen, dabei die Hitze reduzieren. Mit dem Gehackten vermischen und mit Schnittlauch bestreuen (siehe Foto S. 3).
Dazu ein frischer Salat (S. 32, 42).

Tip: ***Wird auch von übriggebliebenen Rostern, in Scheiben geschnitten und nochmal aufgebraten, gemacht.***

Schmorbrätel mit Waldpilzen

600 g Schweinekamm oder Rinderfilet (4 Scheiben), 1 reichlicher TL Salz,
Pfeffer aus der Mühle,
1 gehäufter EL Mehl,
50 g Margarine,
1 TL Edelsüßpaprika,
50 g Zwiebelwürfel,
3 TL Tomatenketchup, 2 TL Senf,
500 g Waldpilze oder
2 Gläser Champignons,
1 EL Butterschmalz,
150 g Zwiebelringe, Öl

Fleischscheiben leicht klopfen und die Fettränder einschneiden. Mit Salz und Pfeffer bestreuen und in Mehl wenden. In einer großen Pfanne in etwas Margarine schön braun braten. Umdrehen und mit Paprika bestreuen. Zwiebelwürfel an der Seite mitbraten, bis sie goldgelb sind, Ketchup und Senf einrühren, kurz mitbraten, dann mit heißem Wasser ablöschen. Kurz einschmoren lassen, dann noch 1/4 l Wasser zugießen. Pilze im heißen Butterschmalz braten, nach Geschmack salzen und pfeffern, dann auf die Fleischscheiben legen. 20–25 Minuten bei 125–150 °C in der Röhre weichschmoren. Die in wenig Öl gerösteten Zwiebelringe auf dem Pilz-Fleisch anrichten. Mit Röstkartoffeln (S. 32) und einem frischen Salat servieren.

Geflügelpfanne

400 g ausgelöstes Hähnchen oder Putenschnitzel, 50 g Margarine, 50 g Zwiebeln, 1/2 TL Salz, Pfeffer, 1/4 l Hühnerbrühe (1 TL Brühpulver), 1 TL Tomatenmark, 1 Becher Schlagsahne, 1 TL Paprikapulver, 2 Päckchen Pfannengemüse

Geflügelfleisch in Würfel schneiden und in der heißen Margarine ringsum anbraten. Gewürfelte Zwiebel, Salz und Pfeffer zugeben. Braten, bis die Zwiebel Farbe angenommen hat. Mit der Hälfte Fleischbrühe ablöschen und Tomatenmark einrühren. Sahne und Paprika zugeben und schmoren, bis nur noch wenig bräunliche, dicke Soße übrig ist. Rest Brühe zugeben und beiseite stellen. Das Pfannengemüse in 5–6 Minuten bei starker Hitze braten, dann zum Fleisch geben und alles noch ca. 5 Minuten dünsten lassen.
Dazu passen Butternudeln (S. 32).

Tip: ***Mit Reis ein leichtes, würziges Sommergericht.***

Bunte Rostbrätel

4 Rostbrätel (ca. 500–600 g), 2 EL Öl, Salz, Pfeffer, Paprika, 1 Stange Porree (150 g), 2 Tomaten (150 g), 100 g Schnittkäse

Rostbrätel leicht klopfen und die Fettränder einschneiden. Im heißen Öl rasch braten und umdrehen. Mit Salz, Pfeffer und Paprika bestreuen. Porree in Ringe schneiden und im heißen Wasser kurz aufkochen lassen. Abgießen und gut abgetropft auf das Fleisch legen. Tomatenscheiben darüber legen, den gewürfelten Käse darüber streuen und zugedeckt bei milder Hitze garen, bis der Käse zerfließt.
Dazu Röst- oder Bratkartoffeln, auch Kartoffelsalat oder Petersilienkartoffeln.

Saftig, lecker, sehr pikant und auch optisch ein Genuß. Genau richtig für eine Sommerparty.

Hackbraten in Bierteig

4 Scheiben Hackbraten (400–500 g),
3 EL Mehl, 1 Ei,
1 Tasse Bier,
2–3 EL Semmelmehl,
25 g Margarine,
1 EL Butter, 1 kleine Zwiebel,
1 Tasse Fleischbrühe (2 TL Brühpulver)

Hackbratenscheiben in Mehl wenden und kurz abschütteln. Ei mit Bier und Semmelmehl verschlagen und die Hackbratenscheiben damit bestreichen. In heißer Margarine bei nicht zu starker Hitze auf beiden Seiten goldbraun braten. Warm stellen. Butter in der Pfanne zerlassen, Zwiebelwürfel darin rösten, den Rest Mehl ins Fett geben und durchschmoren. Fleischbrühe und einen Schuß Bier zugießen und aufkochen lassen.
Zu Röstkartoffeln und einem Salat reichen.

Dieses schnelle Gericht war schon vor Jahrzehnten Mode, und es wird immer wieder zubereitet.

Falscher Hase

500 g Gehacktes, 50 g Butter,
1 Ei, 1 EL Semmelmehl,
1 EL saure Sahne,
1 TL Salz, Pfeffer aus der Mühle,
1 EL feingehackte Petersilie,
1 TL Kümmel,
1 Knoblauchzehe,
50 g Räucherbauch,
25 g Speck,
50 g Zwiebeln,
70 g Suppengrün,
2 EL Schmand,
1/4 l Fleischbrühe, Speisestärke

Das Gehackte mit 25 g weicher Butter, Semmelmehl, Ei, saurer Sahne, Salz, Pfeffer Petersilie, Kümmel, feingehacktem Knoblauch verkneten und eine längliche Rolle formen. Mit Räucherbauchstreifen spicken, in Semmelmehl wenden. Speckscheiben in der Pfanne glasig braten und die Rolle darauf legen. Mit leicht gebräunter Butter begießen und in der Röhre aufgedeckt 30–45 Minuten bei 150–175 °C braten. Zwischendurch Zwiebel- und Gemüsewürfel zugeben, mitrösten lassen und den Schmand einrühren. Ein wenig schmoren lassen, dann die Fleischbrühe zugießen. Röhre abschalten und kurz nachgaren lassen. Brühe durch ein Sieb drücken und mit wenig Speisestärke binden.
Dazu Buttergemüse und Salzkartoffeln oder Rot- und Weißkrautsalat.

Ein uraltes Gericht, das die Thüringer sehr lieben. Würzig mit einer feinen Sahnesoße. Auch Klopsbraten oder Heuchelhase genannt.

Krautnudeln

150–200 g Nudeln,
350 g Schweinekamm,
3 EL Öl,
125 g Zwiebeln,
1/2 TL Salz, Pfeffer aus der Mühle,
1 TL Paprikapulver,
2 EL Tomatenketchup,
500 g Weißkraut,
1/4 l Brühe (2 TL Brühpulver)

Nudeln nach Vorschrift kochen und beiseite stellen. In einer breiten Antihaftpfanne den in Streifen geschnittenen Schweinekamm im heißen Öl ringsum schön braun braten (ca. 5 Minuten). Gewürfelte Zwiebel zugeben und nochmal bei reduzierter Hitze 5 Minuten alles schön rösten. Salz, Pfeffer, Paprika und Tomatenketchup einrühren und kurz schmoren. Nun das in feine Streifen geschnittene Weißkraut zugeben, 10 Minuten unter Rühren mitbraten lassen. Brühe zugeben, zudecken und noch 15–20 Minuten weichdünsten. Die gut abgetropften Nudeln unterrühren.

Krautnudeln sind von früher her bekannt. Das Gericht ist ähnlich dem Schmorkraut würzig-herzhaft.

Apfelrolle mit Schneeklößchensoße

1 Vanillesoßenpulver, 1/2 l Milch,
1 Eiweiß, 1 EL Zucker
Apfelrolle:
500 g Äpfel, 1/2 l Milch, 6 Eigelb, 5 Eiweiß,
200 g Mehl, 2–4 EL Öl,
3 EL Zucker, 1 TL Zimt;
1–2 EL Puderzucker

Eine Vanillesoße nach Vorschrift kochen. 1 Eiweiß mit 1 EL Zucker steif schlagen. Mit zwei Teelöffeln kleine Klößchen abstechen und diese auf siedendes Wasser in einem breiten, flachen Topf geben, beiseite nehmen und 5 Minuten ziehen lassen. Umdrehen und noch einmal 8 Minuten ziehen lassen, dann auf die Soße geben.
Äpfel schälen und in dünne Scheiben schneiden. Milch, Eier und Mehl zu einem Eierkuchenteig verquirlen. Auf ein heißes, dick mit Öl bestrichenes Blech gießen, Apfelspalten auflegen und mit Zucker und Zimt bestreuen. 20–30 Minuten bei 150–175 °C backen. Eventuell mit Hilfe eines Messers (bei Antihaft nicht nötig) vom Blech lösen und die Platte von der Längsseite her aufrollen. Mit Puderzucker besieben und in breite Streifen schneiden. Mit Vanillesoße auftragen.

Ein ganz vorzügliche Süßspeise, die bei jung und alt gut »ankommt«.

Reispfanne mit Hähnchen

1 Hähnchen, 1 TL Salz, Pfeffer,
30 g Butterschmalz, 1 TL Paprika,
100 g Zwiebeln, 1 Knoblauchzehe,
3/4 l Hühnerbrühe (2 TL Brühpulver),
1 rote und 1 gelbe Paprikaschote,
2 EL Öl, 200 g Porree, 250–300 g Reis,
1 Paket gefrostete Erbsen

Hähnchen in 10–12 kleine Stücke teilen, abtrocknen, salzen und pfeffern. Im erhitzten Butterschmalz bei mittlerer Hitze anbraten. Die Pfanne öfter rütteln, damit die Haut nicht anklebt. Fleisch umdrehen, mit Paprika bestreuen und die kleingewürfelten Zwiebeln mit Knoblauch zugeben und braten, bis die Zwiebel Farbe angenommen hat. Die Hälfte der Brühe zugeben und in der Röhre 25 Minuten bei 150 °C weichschmoren. Röhre abschalten und noch 10 Minuten nachbräunen. Inzwischen die in Scheiben geschnittenen Paprika im heißen Öl kurz anbraten, den in Streifen geschnittenen Porree zugeben und noch 5 Minuten braten lassen, dabei rühren. Fleisch aus der Pfanne nehmen und warmstellen, restliche Brühe und Gemüse in die Pfanne geben, den 5-Minuten-Reis einstreuen und zugedeckt weichköcheln. Erbsen zugeben, unterrühren.

Ein leichtes, sättigendes Gericht.

Kartoffelpfanne

600 g Kartoffeln,
4 EL Öl,
1 TL Salz, Pfeffer aus der Mühle,
1–2 TL Majoran,
1 kleiner Apfel,
2 Zwiebeln,
300 g Feinfrosterbsen,
1 Stück Hackbraten oder
Kochschinken (350 g)

Die geschälten, rohen Kartoffeln in nicht zu große Würfel schneiden und in das erhitzte Öl, am besten in einer Antihaftpfanne, geben. In ca. 5 Minuten ringsum braun braten. Mit Salz, Pfeffer und Majoran würzen. Kleingewürfelte Äpfel und Zwiebel zugeben und unter Rühren nochmal alles 5 Minuten braten lassen. Zugedeckt 10 Minuten garen. Gefrostete Erbsen und in Streifen geschnittenen Hackbraten unterrühren und noch 10 Minuten ziehen lassen. Mit Schnittlauch bestreut servieren.
Dazu ißt man einen Rohkostsalat, z. B. Sauerkrautsalat (S. 37).

Deftig, würzig, sättigend, gehört die Kartoffelpfanne zu den schnellsten Gerichten.

Reispfanne mit Spiegelei

150 g Räucherbauch, 2 TL Margarine,
300 g Porree, 100 g saure Sahne,
$^{1}/_{8}$ l Gemüsebrühe (1 TL Brühpulver),
250 g Reis (2 Beutel),
Petersilie (2 EL),
6–8 Eier,
1–2 EL Butter

Den gewürfelten Bauchspeck in der heißen Margarine etwas ausbraten lassen, dann den in schmale Streifen geschnittenen Porree zugeben und noch 5 Minuten unter Rühren bei nicht zu starker Hitze braten. Die saure Sahne unterrühren, etwas einbraten lassen, die Fleischbrühe zugeben und alles zugedeckt einige Minuten dünsten lassen, bis die Flüssigkeit weg ist. Inzwischen den Reis nach Vorschrift kochen und mit dem Porree vermischen. Petersilie unterrühren und alles als Rand auf die Teller verteilen. Die in der Butter gebratenen Spiegeleier in die Mitte der Teller setzen.
Dazu schmeckt ein frischer Salat.

Ein sehr schmackhaftes, leicht verträgliches Essen, als Abwechslung zu den üblichen Bratkartoffeln.

Majorankartoffeln

700 g Kartoffeln,
150–200 g Schinkenspeck,
Salz, Pfeffer,
2 Eigelb,
1 TL Majoran,
250 g Schlagsahne,
50 g Butter

Die nur halb weich gekochten Kartoffeln schälen und in dünne Scheiben schneiden. Eine Auflaufform fetten und die Hälfte der Kartoffelscheiben schuppenförmig einschichten. Die halbe Menge vom kleingewürfelten Schinkenspeck darüber streuen. Mit wenig Salz und Pfeffer würzen. Die restlichen Kartoffelscheiben darüber verteilen. Die Eigelb, Majoran, Salz und Pfeffer mit der Sahne verquirlen und über die Kartoffeln gießen. Die restlichen Schinkenwürfel darüber streuen und Butterflöckchen darüber verteilen. In der Röhre bei 200 °C ca. 30–40 Minuten backen.

Tip: ***Schmeckt wunderbar zu reichlich grünem Salat.***

Lammfilet oder Lammscheiben mit Bohnengemüse

4 dicke, quer zur Faser geschnittene Scheiben Lammfilet oder -keule (500 g), 3–4 EL Öl, 1 TL Salz, Pfeffer aus der Mühle, 2 TL Rosmarinnadeln, 100 g Zwiebeln, 1 Knoblauchzehe, 1 EL Margarine, 100 g Schinkenspeck, 1/2 Zwiebel, 1/2 TL Gemüsebrühe, 1/4 Tasse heißes Wasser, 1 großes Glas Schnittbohnen, 1/4 TL Bohnenkraut

Fleischscheiben von Fett und sehniger Haut befreien, klopfen und in heißes Öl legen. Mit Salz und Pfeffer bestreuen und beidseitig scharf anbraten. Rosmarin darüber streuen, grob gewürfelte Zwiebel und Knoblauch zugeben. 20–25 Minuten bei milder Hitze zugedeckt weichschmoren. In der heißen Margarine den gewürfelten Schinkenspeck ausbraten, gewürfelte Zwiebel zugeben und kurz mitrösten. Gemüsebrühe, Bohnen und Bohnenkraut zugeben und unter Rühren heiß werden lassen. Mit Salz und Pfeffer abschmecken. Dazu dickes Kartoffelpüree oder Petersilienkartoffeln reichen.

Ein deftiges und sehr bekanntes Schnellgericht.

Eier-Schinken-Nudeln

30 g Butter,
50 g Zwiebelwürfel,
400 g Bandnudeln,
300 g gekochter Schinken (auch Schinkenwurst oder Jagdwurst),
4 EL Milch oder Sahne,
4 Eier,
Salz und Pfeffer,
100 g kräftiger Reibekäse oder
2–3 EL gehackte Petersilie

Zwiebelwürfel in der erhitzten Butter glasig braten, die nach Vorschrift gekochten Nudeln gut abgetropft dazugeben und unter öfterem Rühren etwas mitbraten lassen. Den in Streifen geschnittenen Schinken nun unterrühren, die in Milch verquirlten Eier mit etwas Salz und Pfeffer gewürzt darüber gießen, kurz stocken lassen, untereinander heben und vom Feuer nehmen, damit das Gericht nicht zu fest wird. Mit Reibekäse oder gehackter Petersilie auftragen.
Wohlschmeckend und sättigend mit einem grünen Salat.

Als »Studentenfutter« ein früher in Schul- und Betriebsküchen gern angebotenes Kurzgericht.

Beilagen

Röstkartoffeln

500 g Kartoffeln,
1 EL Öl,
1/2 TL Puderzucker

Kleine, etwa walnußgroße Kartoffeln kochen und abziehen, dann im ganzen oder geteilt in wenig Öl im Tiegel schwenken und rösten.
Zum Schluß ganz dünn mit Puderzucker bestäuben, damit sie schön knusprig werden, und fertig rösten.

Butternudeln

200 g Nudeln
(Spirelli oder andere),
1–2 TL Butter,
Muskat

Nudeln im leichten Salzwasser nach Vorschrift kochen, heiß abspülen, gut abtropfen lassen und in Butter schwenken. Mit Muskat abschmecken.

Dicker Reis

150 g Reis, 1 TL Salz

Reis mit 1/4 l Wasser kurz aufkochen lassen, Wasser abgießen und soviel heißes Wasser zugeben, daß der Reis gerade bedeckt ist. Salz zugeben und halb weich kochen. Wasser abgießen und zugedeckt noch 1/2 Stunde auf dem warmen Herd weich ziehen lassen. So wird der Reis besonders schön trocken und körnig.

Risotto

50 g Margarine,
1 Zwiebel,
200 g Langkornreis,
1/2 l Fleischbrühe

Margarine im Topf erhitzen, Zwiebelwürfel anschwitzen, den gewaschenen Reis zugeben und glasig werden lassen. Heiße Brühe auffüllen, auf kleiner Flamme ca. 20 Minuten garen lassen.

Butterreis

1 Tasse Reis,
2 Tassen Wasser,
1 EL Butter,
1 Prise Salz

Beutelreis (braucht nicht gewaschen und blanchiert zu werden) in die zerlassene Butter geben und unter Rühren kurz durchschwitzen. Kochendes Wasser und 1 Prise Salz auffüllen und in 15–20 Minuten zugedeckt weichköcheln.

Petersilienkartoffeln

500–600 g kleine Kartoffeln,
20–30 g Butter,
2–3 EL gehackte Petersilie

Die Kartoffeln schälen und in leichtem Salzwasser vorsichtig weichkochen. Die zerlassene Butter über die abgegossenen Kartoffeln geben, mit Petersilie bestreuen und im zugedeckten Topf schwenken.

Tip: ***Petersilienkartoffeln sind ideal für Gerichte mit wenig Soße.***

Bunter Speckkartoffelsalat

600 g gekochte Kartoffeln,
100 g Gewürzgurken,
½ TL Salz,
Pfeffer aus der Mühle,
1 EL Essig,
3 EL Gurkenbrühe,
200 g TK-Erbsen-Möhrengemüse,
125–150 g Schinkenspeck,
½ TL Gemüsebrühpulver,
2 EL heißes Wasser,
Eischeiben und Tomaten

Die geschälten Kartoffeln in Scheiben schneiden, gewürfelte Gurke, Salz, Pfeffer und Essig unterziehen. Das in wenig Brühe gedünstete und gut abgetropfte Gemüse dazugeben und mit dem gewürfelten, ausgebratenen Schinkenspeck vermischen, nochmals abschmecken.
Mit den Eischeiben und den Tomatenvierteln garnieren, Schnittlauch darüber streuen.

Salate

Eiersalat

10 Eier,
75 g rohen oder gekochten Schinken,
eventuell Champignons oder Spargel
Marinade:
1/4 TL Salz,
1 Prise Zucker,
1 gehäufter TL Senf,
3 EL Salatcreme (ohne Kräuter),
2 EL saure Sahne,
1 EL Schnittlauch

Hartgekochte Eier mit dem Eierschneider in Scheiben, dann in Würfel schneiden, kleingewürfelten Schinken dazugeben.
Für die Marinade alle übrigen Zutaten verquirlen und mit zwei Gabeln vorsichtig unter die Eier heben, damit sie nicht zu sehr zerfallen. Mit Schnittlauch bestreut auftragen. (Wer es mag, kann auch Champignons oder Spargel untermischen.)

Ein schneller, lieblicher Salat, der auch mal Abwechslung auf den Abendbrottisch bringt; zu Festen ist er immer dabei.

Heringssalat

1 Paket Matjesfilet (300 g),
2–3 Gewürzgurken,
1 Zwiebel (50 g),
Pfeffer aus der Mühle,
1–2 EL Öl

Das Heringsfilet 1–2 Stunden in kaltes Wasser legen, dann gut abgetropft in 1 cm große Würfel schneiden, Gurken ebenfalls würfeln, mit ganz fein gewürfelter Zwiebel und Pfeffer vermischen und Öl unterziehen. Kann auch mit Salzheringen, die aber wesentlich mehr Arbeit machen, bereitet werden.

Zu Butterbrot oder Semmel ein Gedicht!

▷ *Bunter Thüringer Salatteller mit Eier-, Herings- und Fleischsalat*

Fleischsalat

750–1000 g Schweinefleisch,
1 gehäufter TL Salz, 1/2 TL Pfeffer,
25 g Margarine,
1 kleiner Apfel, 2–3 Gewürzgurken,
4–5 Eier, 1 kleines Stück Zwiebel
Marinade:
200 ml Schmand,
100 g Salatcreme (ohne Kräuter),
3–4 EL Gurkenbrühe,
1 TL Senf,
1TL Zucker, 2 TL Essig,
2–3 EL Bratenfond

Schweinefleisch salzen und pfeffern und kurz in wenig Margarine ringsum anbraten, dann mit wenig Wasser zugedeckt nicht zu weich schmoren. Den kalten Braten in nicht zu feine Streifen schneiden. Apfel, Gurken und hartgekochte Eier in Würfel schneiden und das Stück kleingewürfelte Zwiebel zugeben.
Für die Marinade alle übrigen Zutaten verquirlen und mit dem Fleisch-Gemisch mit zwei Gabeln untereinander heben. Erst am nächsten Tag, wenn der Salat durchgezogen ist, eventuell mit Salz, Pfeffer, Zucker und Essig abschmecken.

Ein altes Familienrezept, das über Jahrzehnte immer weitergegeben wurde. Die Alten gaben noch ein Stück gewässerten, zerkleinerten Salzhering als eine pikante Note dazu.

Geflügelsalat

1 kleines Hähnchen,
1 TL Salz,
1 Stück Möhre,
1 Stück Sellerie,
2 EL Mandarinen aus der Dose,
1/4 Apfel,
1/2 Glas Champignons
Marinade:
2 EL Salatcreme (ohne Kräuter),
2 EL Kaffeesahne,
1 EL Zitronensaft,
1 EL Mandarinensaft

Hähnchen mit nicht zu viel Wasser, dem Salz und Gemüse weichkochen. Das ausgelöste Hähnchenfleisch (250 g) dann in nicht zu kleine Streifen, Mandarinen, Apfel und Champignons in kleine Stücke schneiden.
Für die Marinade alle anderen Zutaten verquirlen und über das Fleisch gießen. Mit zwei Gabeln mischen und durchziehen lassen. Erst dann mit Zucker, Zitronensaft und Salz abschmecken.

Tip: ***Ebenso fein und lieblich schmeckt der beliebte Salat mit Spargel anstelle der Champignons.***

Weißkrautsalat

200 g Weißkraut,
1/4 TL Salz, Pfeffer,
1/4 TL Zucker,
1 TL Essig,
1 Spritzer Zitrone,
2–3 TL Öl

Weißkraut in ganz feine Streifen (nudelig) schneiden, würzen und mit der Hand tüchtig durchkneten, damit es ein bißchen weich wird. Zucker, Essig und Zitrone zugeben und mit dem Öl vermischen.

Ein Salat, der immer paßt.

Möhren-Apfel-Salat

300 g Möhren,
200 g Äpfel,
1 TL Zucker,
2 TL Zitronensaft

Möhren und geschälte Äpfel fein raspeln, mit Zucker und Zitronensaft nach Geschmack vermischen.

Ein sehr erfrischender, süßsäuerlicher Salat, den besonders Kinder lieben.

Sauerkrautsalat

250 g rohes Sauerkraut,
1/2 Apfel (75 g),
1/2 Möhre (75 g),
1/2 Zwiebel (25 g),
1/2 TL Salz,
1/2 TL Zucker,
Pfeffer aus der Mühle,
1 EL Öl

Das Sauerkraut etwas ausdrücken, damit es milder wird und nicht mehr tropft. Dann das Kraut ein wenig zerschneiden, so daß es nicht mehr filzt. Apfel und Möhre grob raspeln und die ganz klein gewürfelte Zwiebel zugeben. Salz, Zucker und Pfeffer darüber streuen, das Öl darüber träufeln und alles mit zwei Gabeln untereinander mischen.

Tip: ***Ein kräftiger, herzhafter Rohkostsalat, der ausgezeichnet zu deftigen, fetthaltigen Pfannengerichten paßt.***

Käsesalat

300 g Schnittkäse,
100 g Sellerie,
100 g Fleischwurst oder
gekochter Schinken,
50 g Äpfel,
50 g Zwiebel,
100 g Gewürzgurken
Marinade:
2 TL Salatcreme,
1 TL Senf,
1 TL Essig,
1 EL Zitronensaft,
1–2 EL Öl

Käse, gekochten Sellerie und Fleischwurst in feine Streifen, Äpfel, Zwiebel und Gurke in feine Würfel schneiden.
Für die Marinade alle übrigen Zutaten verrühren und untermischen, durchziehen lassen und dann mit Salz und Zucker abschmecken.

Tip: ***Gut durchgekühlt ist dieser Salat nach einem alten Rezept ein Genuß!***

Schichtsalat

(ein Partysalat für 10–12 Personen)

1 Glas geraspelter Selleriesalat,
1 Dose Mais,
2 dünne Stangen Porree (150–200 g),
3 Äpfel, 1 kleine Dose Ananas,
5 Eier, 200 g Schnittkäse,
400–500 g gekochter Schinken
oder Schinkenwurst,
$^{1}/_{2}$ Glas Salatcreme (ohne Kräuter),
$^{1}/_{2}$ Becher Schlagsahne
oder Kaffeesahne

In eine große Schüssel eine Schicht Sellerie, eine Schicht Mais, dann ganz fein geschnittene Porreeringe, kleingewürfelte Äpfel, Ananas, Eier und Schnittkäse und in Streifen geschnittenen Schinken oder Schinkenwurst übereinander schichten. Salatcreme mit der Sahne verquirlen und darüber schütten. Alles vermischen und durchziehen lassen. (Manche vermischen den Salat nicht. Er zieht über Nacht durch und wird dann abgestochen.)

Ein wunderbarer Salat der Neuzeit; lieblich, erfrischend, mild und leicht für heiße Sommertage. Ein Rezept, das im Nu die Runde machte und in sämtlichen Gegenden Thüringens anzutreffen ist (auch Neunerlei-Salat genannt).

Pußtasalat

250 g magerer Schweinebraten,
1 Glas rote Paprikaschoten,
2 mittelgroße Äpfel,
1 kleine Zwiebel
Marinade:
2 EL Salatmayonnaise,
2 EL Tomatenketchup,
1 gestrichener TL Senf,
1/2 TL Edelsüßpaprika

Das gebratene Schweinefleisch und die eingelegten Parikaschoten in Streifen, Äpfel und Zwiebel in kleine Würfel schneiden.
Für die Marinade alle anderen Zutaten vermischen und unter den Salat rühren. Mit Salz und Pfeffer abschmecken.

Tip: ***Mit Weißbrot eine leichte Zwischenmahlzeit. Das Rezept für diesen Salat gebe ich schon seit Jahrzehnten weiter.***

Nudelsalat

125 g Hörnchennudeln,
200 g gekochter Schinken
oder Fleischwurst,
100 g Gewürzgurken,
1 rote Parikaschote aus dem Glas,
200 g TK-Erbsen-Möhren-Gemüse
Marinade:
1 EL Salatcreme,
1 TL Senf,
1/2 TL Zucker,
1/2 TL Grillgewürz,
1 EL Zitronensaft,
1 EL Schmand,
1 EL Öl,
1 EL frische Kräuter
(Dill, Petersilie, Schnittlauch, Kerbel)

Nudeln in 1 l Salzwasser (1 gestrichener EL Salz) weichkochen, abgießen und erkalten lassen. Gekochten Schinken oder Fleischwurst in Streifen schneiden, Gurke würfeln, Paprikaschote kleinschneiden und das Gemüse weichgedünstet und gut abgetropft dazu geben.
Für die Marinade alle anderen Zutaten verquirlen und unter den Salat heben. Durchziehen lassen und eventuell mit Salz, Pfeffer und Zucker abschmecken.

Ein bunter, würziger Nudelsalat nach bekannter Art.

Blumenkohlsalat

750–1000 g Blumenkohlröschen,
reichlich 1 l Wasser
Marinade:
2–3 EL Essig (5 %),
2 EL Öl,
1 TL Salz,
1 TL Zucker,
Pfeffer aus der Mühle

Blumenkohlröschen in kochendes Wasser geben und nicht zu weich kochen (7 Minuten), abgießen und zugedeckt noch 5 Minuten abkühlen lassen.
Alle anderen Zutaten verrühren und ganz vorsichtig mit zwei Gabeln unter den Blumenkohl mischen. Nach 1 Stunde den Salat mit Salz und Essig abschmekken.

Tip: ***Dieser feine weiße Salat schmeckt am besten so »pur«, ohne Kräuter und sonstige Garnitur.***

Bauernsalat

150 g Eisbergsalat,
3-4 Tomaten (150 g),
½ Gurke (100 g),
1 rote und 1 gelbe Paprikaschote,
1 große Zwiebel,
150 g Schafskäse,
Zitronensaft,
Salz, Pfeffer,
1–2 EL Kräuter
Marinade:
1 TL Senf,
½ TL Zucker,
1 TL Salatcreme,
1 TL Tomatenketchup,
½ TL Meerrettich,
½ TL Grillgewürz,
2–3 EL Obstessig,
2–3 EL Öl

Eisbergsalat waschen, in große Stücke zerpflücken, Tomaten in Spalten, Gurken in halbe Scheiben und Paprika in Streifen schneiden.
Die Zutaten für die Marinade verquirlen und unter den Salat mischen. Mit Zitronensaft, Salz und Pfeffer abschmecken. Zwiebelringe unterheben, Schafskäsewürfel und eventuell Kräuter darüber streuen.

Ein sehr feiner, würziger Salat der Neuzeit.

Wurstsalat

250–300 g Aufschnitt aller Art,
50 g Schnittkäse, 1/2 kleine Zwiebel,
75 g Gurke, 1/2 kleiner Apfel
Marinade:
je 1 knapper EL Salatcreme,
Tomatenketchup und Kaffeesahne,
1/2 TL Senf, Zucker

Aufschnitt und Schnittkäse in Streifen schneiden, kleingewürfelte Zwiebel sowie Gurke und Apfel dazugeben.
Alle anderen Zutaten zu einer Soße verrühren und unter den Salat mischen. Mit Zucker abschmecken.

Rindfleischsalat

250 g Rindfleisch,
Salz, Pfeffer, 100 g Gewürzgurken,
50 g rote Paprikaschote,
1/2 kleine Zwiebel
Marinade:
4–5 EL Tomatenketchup,
2 EL Gurkenbrühe, 1 EL Öl

Rindfleisch mit Salz und Pfeffer schmoren, bis es weich ist, erkalten lassen und in kleine Würfel schneiden. Gurke und Gemüsepaprika ebenfalls würfeln und die ganz klein gewürfelte Zwiebel zugeben.
Die Zutaten für die Marinade verrühren und unter den Salat mischen.

Käserolle

150 g geschmeidiger Schnittkäse,
am besten Butterkäse (4 Scheiben),
1–2 Scheiben Kochschinken,
25 g Butter, 1–2 TL Senf, 1 Prise Salz,
Pfeffer aus der Mühle, 2 Eier,
25 g rote Paprikaschote,
2 EL Schnittlauchröllchen

Die Käsescheiben mit den Rändern knapp übereinander legen zu einer Platte von ca. 20 x 25 cm. Diese Platte mit 1 großen oder 2 kleinen Schinkenscheiben belegen. Die weiche Butter mit Senf, Salz, Pfeffer und dem gekochten Eigelb verrühren. Paprika mit dem Wiegemesser in ganz kleine Würfel hacken und mit dem ebenfalls kleingehackten Eiweiß (von 1 Ei) und Schnittlauch zu dem Eigelb geben und vermischen. Die Masse gleichmäßig auf den Schinkenscheiben verteilen und zusammenrollen. Die Käserolle in Alufolie ganz straff einwickeln und im Kühlschrank fest werden lassen.
Statt Schnittlauch kann auch Petersilie genommen werden und rote Räucherlachswürfel statt Paprika, dann allerdings Senf, Salz und Pfeffer weglassen.

Aufgeschnitten sieht die Käserolle sehr interessant aus und bildet einen Höhepunkt auf jedem Salatbüfett.

Zigeunersalat

200 g Weißkraut, Salz,
75 g rote Paprikaschote, 50 g Möhre,
25 g Zwiebel, 50 g Gewürzgurken,
Kräuter
Marinade:
1 TL Schmand, 1 TL Salatcreme,
1 TL Essig, 1 TL Zitronensaft,
1 TL Zucker, 1/2 TL Salz,
Pfeffer aus der Mühle, 1 EL Öl

Weißkraut in ganz feine dünne Streifen schneiden, Salz zugeben und mit der Hand tüchtig durchkneten, damit es etwas weich wird. In Streifen geschnittenen Paprika, grob geraspelte Möhre, ganz fein gewürfelte Zwiebel, dünne, halbierte Gurkenscheiben und feingehackte Kräuter zugeben.
Alle anderen Zutaten zu einer Marinade vermischen und unterheben.

Ein einfacher, aber sehr schmackhafter und schön anzusehender Rohkostsalat, wie es ihn schon ewig gibt.

Bohnensalat

500 g grüne
oder gelbe Schnittbohnen,
Salz,
50 g Zwiebel
Marinade:
1 TL Salz,
1 TL Zucker,
Pfeffer aus der Mühle,
1 EL Essig, 1 EL Öl

Die geschnippelten, im Salzwasser weichgekochten Bohnen abgießen und mit feingehackter Zwiebel in eine Schüssel geben. Die übrigen Zutaten vermischen und unter die Bohnen geben. Durchziehen lassen und nochmal mit Salz und Pfeffer abschmecken.
Es kann noch eine Gurke dazu gehobelt werden, dann noch 1 EL Schmand zugeben und nachwürzen.

Ein einfacher, aber sehr empfehlenswerter Salat aus Großmutters Zeiten.

Gartensalat

1 Salatkopf,
1 EL Zitronensaft,
1–2 EL Zucker,
1 Prise Salz,
1 EL Öl,
4–5 Blätter kleingeschnittene Zitronenmelisse

Die Salatblätter waschen, zerpflücken und in eine Schüssel geben. Zitronensaft, Zucker, Salz und Öl verrühren und mit den Salatblättern vermischen. Die Zitronenmelisse darüber streuen und mit dem grünen Salat vermengen.

Gartensalat auf andere Art

1 Salatkopf, Zucker, Essig
1 TL Öl, 1 TL Schmand, Salz, Pfeffer,
1 Handvoll Gartenkräuter (frischer Dill, Estragon, Zitronenmelisse, Schnittlauch)

Den Salatkopf waschen und die Blätter zerpflücken. In eine Schüssel geben. Öl und Schmand mit den übrigen Gewürzen verrühren und die Soße auf die Salatblätter geben. Die Kräuter kleinschneiden und untermischen.

Radieschen-Rettich-Salat

200 g Rettich,
200 g Radieschen,
1/2 TL Salz,
3 TL Zitronensaft,
1 TL Schmand,
1 TL Salatcreme,
1/2 TL Zucker,
Pfeffer aus der Mühle,
evtl. gehackte Kräuter (Schnittlauch, Petersilie, Estragon)

Den grob geraspelten Rettich und die in feine Scheiben geschnittenen Radieschen mit dem Salz vermischen und ca. 10 Minuten stehen lassen. Das gezogene Wasser abgießen. Alle anderen Zutaten verrühren und mit dem Radieschen-Rettich-Gemisch vermengen. Kräuter darüber streuen.

So ist der Salat lieblich und mild. Mit Öl, statt mit Schmand und Salatcreme, ist er herber.

Hefekuchen

Hefeteig

für 2 Kuchen

600 g Mehl,
130 g Zucker,
30 g Hefe,
175 ml Milch,
150 g Margarine,
2 Messerspitzen Salz,
1 TL geriebene Zitronenschale,
1 Ei

Mehl mit Zimmertemperatur in eine große Schüssel sieben und in der Mitte eine Vertiefung machen. 1 TL Zucker mit der zerkrümelten Hefe in der handwarmen Milch verquirlen und in die Vertiefung gießen. Mit einem Teil des Mehles zu einem dicken Brei verrühren. Den restlichen Zucker, die Margarineflöckchen und das Salz auf den Mehlrand geben (wenn möglich auch Zitronenschale). Nach 20–25 Minuten ist das Hefestück aufgegangen. Das Ei und die übrigen Zutaten nun in den Teig einarbeiten, dabei das Mehl nach und nach unterkneten. (Ist der Teig zu fest, ein wenig Margarine oder Milch zugeben.) Den Teig ca. 1 Stunde im warmen Raum gehen lassen, dann noch einmal zusammenstoßen und den Teig teilen.

Eine Hälfte kann, wenn nur ein Kuchen gebacken werden soll, eingefroren werden. Dafür eine Kugel formen, nicht mehr gehen lassen, sofort in einem Gefrierbeutel in den Gefrierschrank legen. Das Auftauen passiert über Nacht im Kühlschrank oder einige Stunden vor Gebrauch bei Zimmertemperatur, dabei die warme Luft ab und zu einkneten. Aufrollen, belegen und am besten in die nur kurz vorgeheizte Röhre schieben. Nun erst die vorgeschriebene Temperatur des jeweiligen Kuchens einschalten, denn somit kann sich der Kuchen erwärmen und langsam aufgehen.

Tip: ***Teig für nur einen Kuchen zuzubereiten, ist aufwendig, deshalb lohnt das Einfrieren!***

Falscher Hefeteig

(Quark-Ölteig)
für 1 Kuchenblech

100 g trockener Quark,
4 EL Milch,
4 EL Öl,
60 g Zucker,
225–250 g Mehl,
1/2 (reichliches) Backpulver,
1 Ei,
1 Prise Salz

Alle Zutaten miteinander verkneten. Die Teigkugel sofort ausrollen, belegen und backen. Bleibt der Teig zu lange stehen, wird er klebrig und läßt sich schlecht verarbeiten.
Dieser Teig, der sich geschmacklich vom Hefeteig kaum unterscheidet, ist auch sehr beliebt, falls keine Hefe zur Hand ist und der Kuchen gleich verzehrt werden soll. Tagelanges Rumstehen macht ihn trocken.

Tip: ***Die angegebenen Zutaten sind jeweils für eine Blechgröße von 34 cm x 42 cm berechnet.***

Muskuchen

Teig:
Hefeteig nach Rezept
Belag:
500–700 g festes Pflaumenmus
Streusel:
250 g Zucker,
300 g Butter oder Margarine,
350 g Mehl,
1/2 TL Zimt,
1 Vanillezucker, 1 Prise Salz
Schokoladenguß:
100 g Bitterkuvertüre,
25 g Hartfett,
2 TL Öl

Einen Hefeteig ausrollen und das Pflaumenmus schön dick aufstreichen. Aus Zucker, Mehl, Gewürzen und der zerlassenen Butter Streusel reiben und über den Kuchen streuen. Backen. Kuvertüre mit Öl und Hartfett im nicht zu heißen Wasserbad langsam erwärmen, auf den kalten Kuchen mit einem Pinsel dünn auftragen.

Backzeit: 20–25 Minuten
Hitze: 200–225 °C

Muskuchen gibt es schon seit langer Zeit, früher ohne Schokolade, aber auch sehr wohlschmeckend.

Gefüllter Quarkkuchen

Teig:
Hefeteig
Erster Belag:
400 ml Milch,
1 Himbeerpuddingpulver,
2 EL Zucker,
1 kg Quark (20 %),
4 Eier,
3 EL Zitronensaft,
150 g Zucker,
100 g Butter oder Margarine
Zweiter Belag:
400 ml Milch,
3 gehäufte EL Zucker,
1 Vanillepudding,
50 g Hartfett,
100 g Butter,
50 g feste Würfelmargarine
Schokoladenguß:
150 g Bitterkuvertüre,
25 g Hartfett,
3 TL Öl

Von Milch, Puddingpulver und Zucker einen Himbeer- oder Erdbeerpudding kochen, Quark, Eier, Zitronensaft, Zucker und zerlassene Butter gut verrühren und den etwas abgekühlten Pudding unterrühren, eventuell einige Tropfen rote Kuchenfarbe zugeben, so, daß nur eine zartrosa Farbe entsteht. Auf den ausgerollten Hefeteig streichen und backen.
Aus Milch, Zucker und Vanillepudding einen straffen Pudding kochen und gleich das Hartfett unterrühren. Butter und Margarine cremig schlagen und den abgekühlten Pudding sofort unterschlagen, auf die kalte Quarkmasse streichen und mit Schokoladenguß überziehen. Dafür Kuvertüre mit Hartfett und Öl im Wasserbad zerlaufen lassen.

Backzeit: ca. 25–30 Minuten
Hitze: erst 220, dann 200 °C

Dieser saftige Kuchen hebt sich auf der Festtagstafel von anderen Quarkkuchen durch die Farbe und die besonders cremige Konsistenz ab. Er bleibt auch länger frisch.

▷ *»Altmodischer« Kuchenberg (von unten nach oben):*
Quark-Kokos-Kuchen
Johannisbeer-Streuselkuchen
Mozartkuchen
Gefüllter Quarkkuchen

Johannisbeerkuchen

Teig:
Hefeteig, 20 g Butter, 3 EL Semmelmehl
Belag:
1250 g frische oder gefrostete Johannisbeeren, 2 Himbeerpuddingpulver, 800 ml Saft, 250 g Zucker
Streusel:
200 g Margarine oder Butter, 200 g Zucker, 275–300 g Mehl, 1 Vanillezucker; 2 EL Puderzucker

Zerlassene Butter auf einen ausgerollten Hefeteig pinseln und mit Semmelmehl bestreuen. Die gefrosteten Beeren die Nacht zuvor abtropfen lassen. Vom Saft einen dicken Pudding kochen, eventuell mit Wasser auffüllen. (Bei frischen Beeren diese mit 2–3 EL Zucker auf dem Herd etwas Saft ziehen lassen, dann abtropfen lassen.) Die Beeren unter den heißen Pudding rühren, kurz abkühlen und auf den Kuchen streichen. Aus zerlassener Margarine, Zucker, Mehl und Vanillezucker Streusel reiben und über den Kuchen krümeln. Backen. Auf den erkalteten Kuchen Puderzucker sieben.

Backzeit: 25–30 Minuten
Hitze: 200–225 °C

Erfrischend fruchtiger Sonntagskuchen mit knuspriger Streuseldecke.

Stachelbeerkuchen mit Eierschecke

Teig:
Hefeteig
Belag:
1 l Milch, 6 EL Zucker, 2 Mandel- oder Vanillepuddingpulver, 750–1000 g frische Stachelbeeren oder aus dem Glas, 125 g Margarine, 3 EL Puderzucker, 4 Eigelb, 4 Eiweiß

Aus Milch, Zucker und Puddingpulver einen Pudding kochen und teilen. Die Hälfte auf den ausgerollten Teig streichen und die Stachelbeeren darüber streuen. Margarine, Puderzucker und Eigelb verrühren, die zweite Hälfte erkalteten Pudding unterrühren und die steif geschlagenen Eiweiß unterziehen. Auf die Stachelbeeren streichen und backen.

Backzeit: 30–35 Minuten
Hitze: 180–200 °C

Tip: ***Dieser Kuchen muß frisch verzehrt werden, denn Eierschecken sind »kurzlebig«.***

Heidelbeerkuchen

Teig:
Hefeteig,
20 g Butter,
2–3 gehäufte EL Semmelmehl
Belag:
1 1/2–2 kg Heidelbeeren;
5–6 EL Zucker

Einen ausgerollten Hefeteig mit zerlassener Butter bepinseln und mit Semmelmehl dick bestreuen. Die frischen Heidelbeeren auf den Kuchen streuen. Bei guter Unterhitze backen.
Erst kurz vor dem Verzehr wird der Kuchen dick mit klarem Zucker bestreut, sonst ziehen die Beeren sofort Saft und werden matschig.

Backzeit: 20–25 Minuten
Hitze: 200–225 °C

Ein uraltes Rezept für einen ansehnlichen »Beerkuchen«. Streusel verfälschen den Thüringer Kuchen, und er verliert seinen einzigartigen »waldigen« Geschmack.

Aprikosenkuchen

Teig:
Hefeteig
Erster Belag:
150 g Margarine,
200 g Zucker,
2 Vanillezucker,
4 Eier,
500 g Quark (20 %),
1 Vanillesoßenpulver,
2 Dosen Aprikosen
Zweiter Belag:
1/2 l Saft,
1 Paket Tropic-Götterspeise,
4–5 EL Zucker

Weiche Margarine, Zucker, Vanillezucker und Eier zu einer glatten Creme rühren, Quark und Soßenpulver unterschlagen. Auf einen Hefeteig streichen und mit gut abgetropften Aprikosen (Rundung nach oben) belegen. Backen. In 1/2 Kaffeetasse Saft die Götterspeise quellen lassen, den Rest Saft mit Zucker erhitzen und die Götterspeise einrühren, nicht kochen! Kurz vor Gelierbeginn über den Kuchen streichen.

Backzeit: 20–25 Minuten
Hitze: 200–225 °C

Leicht cremig, fein säuerlich und köstlich erfrischend zu jedem Anlaß geeignet.

Apfelkuchen mit Rahmguß

Teig:
Hefeteig
Quarkmasse:
75 g Margarine, 75 g Zucker, 1 Ei, 250 g Quark, 1 Vanillezucker, 1 TL Speisestärke
Belag:
1250 g Apfelspalten, 4 EL Zucker,
3 EL Zitronensaft, 1/2 TL Zimt,
100 g gemahlene Haselnüsse
Rahmguß:
150 g Margarine, 4 Eier, 150 g Zucker,
2 Becher Schlagsahne, 1 Puddingpulver;
50 g Butter, 2–3 EL Puderzucker

Margarine, Zucker, Ei, Quark, Vanille und Speisestärke verrühren, auf einen ausgerollten Hefeteig dünn aufstreichen. Apfelspalten mit Zucker, Zitronensaft und Zimt vermischen und schuppenförmig auf die Quarkmasse legen. Haselnüsse in trockener Pfanne rösten und darüber streuen. Den Rahmguß aufstreichen. Dafür Margarine, Eier, Zucker und Sahne verrühren, Puddingpulver zugeben, auf Herdplatte so lange rühren, bis alles dicklich ist; langsam erhitzen, nicht kochen. Backen.
Den erkalteten Kuchen dünn mit Butter bepinseln und mit Staubzucker besieben.

Backzeit: 25–30 Minuten
Hitze: 200–225 °C

Thüringer Käsekuchen

Teig:
Hefeteig
Käse:
500 g Magerquark,
1 gestrichener TL Salz, 1 TL Kümmel
Quarkmasse:
1 kg Magerquark, 1 Becher Schmand,
3 Eier, 175 g Zucker,
125 g Margarine,
1 Vanillezucker,
1 EL Zitronensaft,
2 TL geriebene Zitronenschale,
1 Vanillesoßenpulver;
100 g Korinthen, 100 g Zucker;
250 g Butter, 2–3 EL Puderzucker

500 g Magerquark auf einem Sieb über Nacht abtropfen lassen, dabei bleiben ca. 350–400 g übrig. Diese mit Salz und Kümmel vermischen. Mit einem Eßlöffel ca. 12 kleine Käse abstechen, auf ein Brett legen und zwei Tage trocknen lassen.
Einen Hefeteig ausrollen. Quark, Schmand, Eier, Zucker, zerlassene Margarine, Gewürze und Soßenpulver zu einer Quarkmasse gut verrühren und diese auf den Hefeteig streichen.
Die trockenen, aber nicht harten Käse in eine Schüssel reiben, mit Zucker und Korinthen vermischen und über die aufgestrichene Quarkmasse streuen. 1/3 der zerlassenen Butter darüber träufeln. Backen. Das zweite Drittel der Butter gleich nach

dem Backen, das letzte nach dem Erkalten auf den Kuchen geben. Zum Schluß mit Puderzucker besieben.

Backzeit: 30–35 Minuten
Hitze: 200–220 °C

Ein bißfester, würziger, sehr zu empfehlender Kuchen. In der Gegend um Weida-Gera ist er der wichtigste aller Kuchen.

Kartoffelkuchen

500 g gekochte Kartoffeln,
500 g Hefeteig,
50 g Butter,
3-4 gehäufte EL Zucker,
2 TL Zimt

Die warmen, durchgepreßten Kartoffeln unter den Hefeteig kneten, ausrollen und backen. Mit zerlassener Butter bepinseln und Zimtzucker bestreuen. Gleich warm verzehren.

Backzeit: 20–25 Minuten
Hitze: 200–225 °C

Freitag war immer Backtag mit vielen Kuchen für die Beschäftigten auf den Bauernhöfen; als erstes gab es den Kartoffelkuchen, noch bevor die anderen Kuchen angeschnitten wurden.

Quark-Kokos-Kuchen

Teig:
Hefeteig
Quarkmasse:
200 ml Milch, 2 EL Zucker, 1 Soßenpulver mit Vanillegeschmack, 2 Eier, 125 g Zucker, 100 g Butter oder Margarine, 750 g Quark (mager), 1 Vanillezucker, 2–3 EL Zitronensaft
Kokosmasse:
250 g Margarine, 250 g Zucker,
200 g Kokosraspel,
4 Eier, 1 Vanillezucker;
2 EL Puderzucker

Von Milch und Soßenpulver einen Pudding kochen. Eier mit Zucker und Butter glattrühren, Quark, Gewürze und Pudding unterrühren. Auf einen ausgerollten Hefeteig streichen.
Nun eine Kokosmasse darüber geben. Margarine und Zucker zerlassen und Kokos mit Vanillezucker zugeben, etwas abgekühlt die Eier unterrühren. Backen. Den erkalteten Kuchen mit Puderzucker besieben.

Backzeit: 25–30 Minuten
Hitze: 220 °C

Der feinsäuerliche, cremige Quark mit der süßen Knusperdecke gibt diesem bekannten Oberländischen Kirmeskuchen den guten Geschmack.

Thüringer Rosenkuchen

Teig:
500 g Mehl,
300 g Margarine,
50 g Zucker,
2 Eigelb,
1 gestrichener TL Salz,
75 ml Milch,
40 g Hefe
Belag:
1 l Milch,
3 gehäufte EL Zucker,
2 Mandel- oder Vanillepudding,
100 g Rosinen,
3 EL Rum
Marzipanmasse:
100 g Margarine,
150 g Puderzucker,
150 g Mandeln,
3 EL Rum,
1/4–1/2 Flasche Bittermandelöl;
125 g Aprikosenkonfitüre,
1 EL Rum
Zuckerguß:
150 g Puderzucker,
3 EL Zitronensaft,
1 EL heißes Wasser

Mehl, kalte gewürfelte Margarine, Zucker, Eigelb, Salz und die in der handwarmen Milch mit Zucker angerührte Hefe in eine Schüssel geben und alles zu einem Teig kneten. Die Hälfte des Teiges auf ein Blech rollen und mit dem lauwarmen Pudding bestreichen, darauf die in Rum eingeweichten Rosinen streuen.
Die restliche Teighälfte zu einem Rechteck (45 x 30 cm) ausrollen und mit einer marzipanähnlichen Masse bestreichen. Dafür weiche Margarine, Puderzucker, mit der Schale gemahlene Mandeln, Rum und Bittermandelöl verrühren. Die Teigplatte von der Längsseite her aufrollen, in schmale Scheiben schneiden. Die Scheiben etwas auseinanderziehen und auf den Pudding legen. Backen. Eventuell bei zu starker Bräunung ein Blech oben einschieben. Den noch heißen Kuchen mit heißer, mit Rum vermischter Aprikosenkonfitüre bepinseln und mit Zuckerguß dünn bestreichen.
Wer die Marzipanmasse schneller fertig haben will, verknetet dafür 200 g Rohmarzipan mit 100 g Puderzucker und 4 EL Weinbrand.

Backzeit: 35 Minuten
Hitze: 15 Minuten 220 °C, dann 20 Minuten 200 °C

Bißfest, saftig und würzig – so ist der Rosenkuchen eine wahre Spezialität.

Mozartkuchen

Teig:
Hefeteig
Erster Belag:
150 g gemahlene Mandeln,
100 g Puderzucker,
5 EL Weinbrand,
100 g Margarine,
100 g Zucker,
1/4 Flasche Bittermandelöl,
3 Eiweiß
Zweiter Belag:
1/4 l Milch,
1 Puddingpulver,
1 Eigelb,
4 EL Weinbrand,
75 g Butter,
1–2 EL nicht zu weicher Nugataufstrich,
200 g Vollmilchkuvertüre
Schokoladenguß:
1 Ei, 3 gehäufte EL Zucker,
2 EL Kakao,
125 g Hartfett,
1–2 EL Milch

Feingemahlene (möglichst weiße) Mandeln mit Puderzucker und Weinbrand auf der nicht zu heißen Herdplatte ca. 1 Minute rühren, bis sich die Masse zusammenballt. Margarine, Zucker und Aroma unterrühren. Vom Herd nehmen, etwas abgekühlt die Eiweiß unterrühren und auf einen ausgerollten Hefeteig streichen. Backen.

Milch, Puddingpulver und Eigelb verquirlen und aufkochen lassen. Weinbrand unterrühren und abkühlen lassen. Währenddessen die Butter cremig schlagen und den Pudding löffelweise unterschlagen. Nun das im Wasserbad weich gewordene Kuvertüre-Nugat-Gemisch abgekühlt unterrühren. Auf den erkalteten Kuchen streichen und fest werden lassen.
Einen dunklen Schokoladenguß auf die helle Nugatmasse geben. Dafür Ei mit Zucker gut verrühren, Kakao unterziehen, Hartfett abgekühlt zugeben und mit Milch glattrühren.

Backzeit: ca. 20 Minuten
Hitze: 180–200 °C

Ein ganz besonders feiner Kuchen, der an die bekannten Mozartkugeln erinnert. Zu Festtagen ist er nicht nur wegen des Geschmacks, sondern auch wegen seiner guten Haltbarkeit sehr beliebt.

Zwiebackkuchen

Teig:
Hefeteig
Belag:
180 g Zwieback, 1/2 l Milch,
350 g Margarine, 2 EL Kakao,
275–300 g Zucker, 6 EL Rum oder Weinbrand, 2 EL Zitronensaft,
3 Eier, 1 Backpulver,
200 g gemahlene Nüsse oder Mandeln;
1/2 Tasse Milch
Schokoladenguß:
1 Ei, 3 EL Zucker, 2 EL Kakao,
125 g Hartfett, 1–2 EL Rum

Zwieback mit Milch brühen, zerlassene Margarine, Kakao, Zucker, Rum und Zitrone mit dem Schneebesen unterschlagen, Eier unterrühren und die mit dem Backpulver vermischten Nüsse zugeben. Alles auf einen Hefeteig streichen. Backen. Den noch heißen Kuchen mit heißer Milch bepinseln. Erkaltet mit Schokoladenguß überziehen. Dazu Ei mit Zucker gut verrühren, Kakao zugeben, nach und nach das warme Hartfett unterrühren und Rum zugeben.

Backzeit: 15–20 Minuten
Hitze: 200–225 °C

Ein altes Rezept aus den fünfziger Jahren, sehr gut auch mit Mürbeteig (wie S. 67).

Kirschkuchen nach alter Bauernart

Teig:
Hefeteig
Belag:
800 ml Milch,
5 EL Zucker,
2 Vanillepuddingpulver,
1 kg Süßkirschen,
3–4 EL Zucker

Pudding nach Vorschrift kochen und etwas abgekühlt auf den ausgerollten Hefeteig streichen. Frische Süßkirschen darüber streuen und backen. Erkaltet dick mit Zucker bestreuen.

Backzeit: 25–30 Minuten
Hitze: 200–220 °C

Dieser Kuchen war früher, als es noch wenig Obst gab, eine Köstlichkeit, auf die man sich alle Jahre wieder freute, wenn die ersten frischen Kirschen im eigenen Garten geerntet werden konnten. Sie waren dunkel und weichfleischig.

Backpulverkuchen

und Kleingebäck

Erdbeerkuchen

Teig:
4 Eier, 125 g Zucker,
2 EL Wasser, 1 Prise Salz,
125 g Mehl, 1 TL Backpulver,
50 g Speisestärke
Belag:
300 ml Saft, 50 g Zucker,
2 EL Zitronensaft,
1 Erdbeer- oder Himbeerpudding,
2 ¾-l-Gläser Erdbeeren,
100 g Margarine, 100 g Butter,
125 g Staubzucker,
100 g Hartfett

Die Eigelb mit Zucker kurz schlagen, 2 EL warmes Wasser zugeben und die Masse cremig und locker schlagen. Eiweiß mit 1 Prise Salz steif schlagen, auf die Masse geben, Mehl mit Speisestärke und Backpulver gesiebt darüber geben und alles mit dem Schneebesen untereinander heben. Auf gut gefettetem Pergamentpapier backen.
Aus Saft, Zucker, Zitronensaft und rotem Puddingpulver einen festen Pudding kochen. Die gut abgetropften Erdbeeren mit dem Schneebesen kurz zerschlagen und unter den heißen Pudding rühren. Margarine, Butter und Staubzucker cremig schlagen und die erkaltete Erdbeermasse löffelweise unterrühren. Das zerlassene, lauwarme Hartfett unterschlagen. Creme auf die Unterseite des gebackenen Kuchens streichen. Mit Gabelzinken ein Muster eindrücken.

Backzeit: 10–12 Minuten
Hitze: 180–200 °C

Dieser fruchtig-liebliche Festtagskuchen weicht nicht durch, bleibt in Form und läßt sich ab dem zweiten Tag sehr gut schneiden. Er klebt nicht und verliert auch nach einer Woche noch nichts an Aussehen.

▷ *Kuchenplatte mit (von links) Papageienkuchen, Erdbeerkuchen, Makronenkuchen, gefülltem Nußkuchen und wieder Erdbeerkuchen sowie Papageienkuchen*

Selterskuchen mit Stachelbeeren

Teig:
4 Eier, 250 g Zucker,
150 g Öl,
1 Vanillezucker,
300 g Mehl, 1 Backpulver,
1 Tasse Selterwasser
Belag:
1-l-Glas Stachelbeeren oder
frische vom Strauch;
Butter, Puderzucker

Eier und Zucker verrühren, Öl und Vanille unterschlagen, Mehl mit Backpulver darüber sieben und alles zu einem glatten Teig schlagen. Nun Selterwasser schluckweise unterrühren. Auf ein Blech mit gefettetem Papier streichen, Stachelbeeren darüber geben und backen.
Noch heiß das Blech auf ein Kuchenbrett stürzen und das Papier abziehen. Den Boden jetzt als Oberfläche nehmen und erkaltet mit abgekühlter zerlassener Butter bepinseln und mit Puderzucker bestreuen.

Backzeit: 15–20 Minuten
Hitze: 150–175 °C

Ein erfrischender, säuerlich saftiger Sonntagskuchen. Auch ohne Früchte – mit einem Schokoladenguß – ist er als guter saftiger »Trockner« bekannt.

Makronenkuchen

Teig:
175 g Margarine,
125 g Zucker, 1 großes Ei,
325–350 g Mehl,
1 TL Backpulver, 1 Prise Salz
Belag:
200 g Zucker, 2 kleine Eier,
300 g feingemahlene weiße Mandeln,
1/4–1/2 Flasche Bittermandelöl,
1 Glas gelbe oder rote Marmelade

Aus Margarine, Zucker, Eiern, Mehl, Backpulver und Salz einen Mürbeteig kneten. Kurz kühl stellen, dann auf einem Kuchenblech ausrollen.
Zucker und angewärmte Eier dick-cremig schlagen, Mandeln und Aroma unterrühren. Die Masse 5 Minuten stehen lassen, damit sie etwas quillt und fester wird, dann in einen Spritzbeutel mit großer Tülle geben und schräg über den Kuchen in Abständen von 2 cm dicke Streifen spritzen. Bei starker Unterhitze backen. Eventuell bei zu starker Bräunung ein Blech oben einschieben.
Auf dem noch heißen Kuchen die Rillen mit Marmelade zuspritzen.

Backzeit: 20–25 Minuten
Hitze: 180–200 °C

Ein knackiger, saftiger, aromatischer und auch lange haltbarer Kuchen.

Ameisenkuchen

Teig:
4 Eier, 250 g Zucker,
250 g Margarine,
250 g Mehl,
¾ Päckchen Backpulver,
100 ml saure Sahne,
100 g Schokostreusel
Schokoladenguß:
1 Ei, 3 gehäufte EL Zucker,
1 Vanillezucker,
2 EL Kakao,
125 g Hartfett,
1–2 EL Weinbrand

Eier, Zucker und weiche Margarine gut verrühren, abwechselnd Mehl mit Backpulver vermischt und saure Sahne zugeben. Schokostreusel unterrühren und backen.
Erkaltet mit einem Schokoladenguß überziehen. Dafür Ei, Zucker und Vanille cremig rühren, Kakao zugeben, unterrühren und das warme Hartfett nach und nach unterrühren, mit Weinbrand schön glatt rühren.

Backzeit: 10–15 Minuten
Hitze: 200 °C

Ein sehr bekannter, schneller und saftiger Kuchen, der nicht so rasch austrocknet und von dem besonders Kinder begeistert sind.

Maulwurfskuchen

Teig:
4 Eier, 200 g Zucker,
250 g Mehl, 1 TL Backpulver,
1 TL Zitronenschale
Streusel:
150 g Zucker,
1 Vanillezucker,
175 g Butter,
2 EL Kakao, 175 g Mehl,
1 Prise Backpulver;
125 g Butter, 2 EL Puderzucker

Eier und Zucker cremig schlagen, Mehl mit Backpulver und Zitronenschale gemischt darüber sieben und unterrühren. Auf ein gut gefettetes Blech streichen und dicke, dunkle Streusel darüber streuen. Dafür Zucker, Vanillezucker, Butter, Kakao und Mehl mit einer Prise Backpulver zu Streuseln verkneten. Schön braun backen. Den Kuchen noch heiß mit der zerlassenen Butter bepinseln. Die andere Hälfte abgekühlt auf den kalten Kuchen streichen. Mit Puderzucker besieben.

Backzeit: ca. 20 Minuten
Hitze: ca. 200 °C

Die Streusel versinken im Teig wie der Maulwurf unter der Erde, daher kommt die Bezeichnung für den leichten und knusprigen Kuchen.

Papageienkuchen

Teig:
1 TL geriebene Zitronenschale,
4 Eier,
300 g Zucker,
275 g Mehl,
1 Backpulver,
200 ml saure Sahne,
300 g Margarine,
1 Vanillesoßenpulver,
1 rote Grütze,
2 EL Kakao,
2 gestrichene TL grüne Götterspeise
Zitronenguß:
2 EL Zitronensaft,
200 g Puderzucker,
2 EL Hartfett,
1 EL heißes Wasser

Zitronenschale, Eier und Zucker etwas cremig schlagen. Mehl mit Backpulver kurz unterschlagen, saure Sahne zugeben und nun die zerlassene abgekühlte Margarine unterrühren. Teig in vier Teile teilen: den ersten Teil mit Soßenpulver verrühren, den zweiten mit roter Grütze, den dritten mit Kakao und den vierten mit grüner Götterspeise. Zuerst in Abständen mit zwei Teelöffeln helle Häufchen auf dem mit Pergamentpapier ausgelegten Blech verteilen, dann rote, braune und grüne Häufchen dazu setzen. Es kommt nicht auf Genauigkeit an, da der Teig beim Backen zum Kuchen zusammenläuft. Backen. Noch heiß das Papier abziehen. Diese Unterseite mit einem Zitronenguß überziehen. Dafür Zitronensaft mit Puderzucker und zerlassenem Hartfett verrühren, heißes Wasser zugeben und ca. 1 Minute rühren.
Die Farben des Kuchens sind schöner, wenn man die Unterseite als Oberseite nutzt.

Backzeit: 15–20 Minuten
Hitze: 180–200 °C

Ein süßsäuerlicher, saftiger Kuchen, kunterbunt, wie ihn die Kinder lieben. Aber auch auf der Festtagstafel ist er ein interessanter Blickfang.

▷ *Gefüllter Nußkuchen (Rezept S. 67) und Papageienkuchen*

Biskuitrolle

Teig:
4 Eier, 100 g Zucker, 100 g Mehl, 1 TL Backpulver, 25 g Speisestärke
Belag:
1 Glas rote Marmelade, 1 EL Puderzucker

Eier und Zucker auf warmer Herdplatte 2–3 Minuten schaumig schlagen, vom Herd nehmen und 3–4 Minuten kalt weiter schlagen, bis eine cremartige Masse entsteht. Mehl, Backpulver und Speisestärke am besten in zwei Etappen darüber sieben und mit dem Schneebesen vorsichtig unterheben. Auf das Blech mit gefettetem Pergamentpapier streichen und backen, nicht zu lange, wenn die Ränder braun werden, bricht die Rolle.
Nach dem Backen die Rolle auf ein leicht bemehltes Backbrett kippen, das Papier mit kaltem Wasser bestreichen und sofort abziehen. Die vorher glatt gerührte Marmelade schnell aufstreichen, die Platte zusammenrollen und mit Puderzucker bestäuben.

Backzeit: 8–12 Minuten
Hitze: 225–250 °C

Die Biskuitrolle war früher ein Festtagsgebäck. Das Geheimnis ihrer Zubereitung liegt eigentlich nur in der Schnelligkeit: schnell backen und schnell aufrollen.

Schnelle Marmeladenhörnchen

Teig:
150 g Margarine (Würfelmargarine), 150 g Butter, 50 g Zucker, 1 Prise Salz, 500 g Mehl, 7–8 EL Milch, 25 g Hefe
Belag:
1/2–1 Glas Marmelade (auch Pflaumenmus ist gut geeignet), 2–3 EL Puderzucker

Feste, kalte Würfelmargarine, kalte Butter und Salz in eine Schüssel kleinwürfelig schneiden. Mehl darüber sieben und die in handwarmer Milch aufgelöste Hefe mit dem Zucker dazumengen. Alles sofort zu einem Teig verkneten, der nicht erst gehen soll. Gleich auf einem Kuchenbrett nicht zu dünn ausrollen und mit einer großen Kaffeetasse oder Schüssel Platten mit 10–12 cm Durchschnitt ausstechen. In die Mitte einen großen Teelöffel Marmelade geben und zur Hälfte umklappen, dabei die Ränder fest andrücken. Auf einem leicht gefetteten Blech in der vorgeheizten Röhre goldbraun backen. Noch heiß die Hörnchen mit Puderzucker besieben.

Backzeit: 15 Minuten
Hitze: 200 °C

Für unerwartete Kaffeegäste hat man rasch 20–25 mürbeteigähnliche, knusprige Gebäckstücke zubereitet.

Gefüllter Nußkuchen

Teig:
250–300 g Mehl,
1 gestrichener TL Backpulver,
125 g Margarine,
75 g Zucker,
1 Ei,
1 Prise Salz
Nußmasse:
300 g Margarine,
300 g Zucker,
2 EL Milch,
1–2 EL Kakao,
200 g gemahlene Haselnüsse,
100 g grob gehackte Walnüsse,
75 ml Rum oder Weinbrand (5 EL),
1 Ei
Belag:
125 g Margarine,
125 g Zucker,
2 Eier,
125 g Mehl,
1 Prise Backpulver,
2 EL Milch;
20 g Butter,
Puderzucker

Aus Mehl, Backpulver, Margarine, Zucker, Ei und Salz einen Mürbeteig kneten, kurz kühl stellen, dann auf einem gut gefetteten Blech ausrollen.
Margarine, Zucker und Milch erhitzen, Kakao und Nüsse unterrühren, Rum zugeben und etwas abgekühlt das Ei unterschlagen. Alles auf den Mürbeteig streichen.
Margarine und Zucker gut verrühren, Eier, Milch, Mehl und Backpulver unterrühren und diese Masse ganz dünn über die Nußmasse streichen. Backen. Erkaltet mit Butter bepinseln und dünn mit Puderzucker besieben.

Backzeit: 25–30 Minuten
Hitze: 180 °C

Tip: ***Ein knackiger, saftiger, nußschokoladenähnlicher Kuchen, der als Festtagskuchen bereits eine Woche vor dem Fest gebacken werden kann.***

Torten

Himbeertorte

Teig:
100 g Margarine,
150 g Mehl,
50 g Puderzucker,
1 Eigelb,
1 Messerspitze Backpulver
Biskuitboden:
3 Eier,
90 g Zucker,
90 g Mehl,
1 Messerspitze Backpulver
Erster Belag:
2–3 EL Himbeermarmelade
Zweiter Belag:
2 Becher Doppelrahm-Frischkäse,
100 g Puderzucker,
2 Vanillezucker,
2 Sahnesteif,
2 Becher Schlagsahne,
500 g gefrostete Himbeeren,
1 Himbeergötterspeise

Aus Margarine, Mehl, Puderzucker, Eigelb und Backpulver einen Mürbeteig kneten, kühl stellen und dann auf einem gut gefetteten Tortenblech ausrollen und backen.

Für den Biskuitboden Eier und Zucker cremig schlagen, Mehl und Backpulver darüber sieben und unterheben. In eine zweite Springform streichen und backen.
Den fertig gebackenen Mürbeteig in der Springform lassen, mit Himbeermarmelade bestreichen, den Biskuitboden darüber legen.
Frischkäse mit Zucker verrühren und die mit Vanille und Sahnesteif sehr steif geschlagene Sahne unterziehen. Aufstreichen und mit den gefrorenen Himbeeren belegen. Eine Götterspeise zubereiten und kurz vor Gelierbeginn darüber streichen.

Backzeit: Mürbeteig 12 Minuten,
Biskuitboden 15–20 Minuten
Hitze: Mürbeteig 180–200 °C,
Biskuitboden 180 °C

Tip: ***Die Himbeeren noch gefroren auflegen, so behalten sie ihre schöne Form.***

Krümeltorte

Teig:
500 g Mehl,
175 g Zucker,
2 EL Milch,
1 Backpulver,
275–300 g Margarine
Belag:
1 Glas Sauerkirschkonfitüre,
1 EL Zitronensaft
Schokoladenguß:
100 g Bitterkuvertüre,
1 TL Öl,
25 g Hartfett

Aus Mehl, Zucker, Milch, Backpulver und zerlassener Margarine einen Sreuselteig kneten. Die Hälfte davon in eine Springform krümeln, so daß der Boden bedeckt ist. Die mit Zitronensaft verrührte Marmelade auf die Streusel streichen, darüber den Rest des Streuselteiges verteilen. Backen. Eventuell oben abdecken, da diese Torte mehr Unterhitze braucht. Die im Wasserbad zerlassene Kuvertüre mit Öl und Hartfett verrühren und über die erkaltete Torte streichen.

Backzeit: 20–25 Minuten
Hitze: 180–200 °C

Eine saftig-säuerliche Knuspertorte aus alten Zeiten, die besonders lange haltbar ist.

Eierlikörtorte

Teig:
5 Eier, 175 g Zucker,
200 g gemahlene Haselnüsse,
1 TL Backpulver
Belag:
2–3 Becher Schlagsahne,
2–3 Sahnesteif,
2–3 Vanillezucker,
1 Tafel Bitterschokolade,
3–4 Gläser Eierlikör,
1–2 EL Raspelschokolade

Eiweiß mit der halben Menge Zucker zu steifem Schnee schlagen. Den Rest Zucker mit den Eigelb cremig rühren, Haselnüsse unterrühren und mit dem Backpulver unter das Eiweiß ziehen. Den Teig in einer Springform backen. Erkaltet aus der Springform nehmen, auf eine Platte heben.
Die gesamte Sahne mit Sahnesteif und Vanillezucker schlagen, unter die Hälfte der Sahne die grob gehackte Schokolade ziehen. Diese Masse auf den Tortenboden streichen, die andere Hälfte der Sahne darüber geben. Eierlikör über die Torte träufeln und etwas breit streichen. Mit der Raspelschokolade bestreuen.

Backzeit: 20–25 Minuten
Backzeit: 180–200 °C

Die vereinfachte Variante einer in Thüringen sehr beliebten Festtagstorte.

Quark-Streuseltorte (Zupfkuchen)

Teig:
300 g Mehl, 40 g Kakao, 175 g Zucker, 1/2 Backpulver, 200 g Margarine, 2 Eigelb
Belag:
200 ml Milch, 1/2 Puddingpulver, 100 g Schmand, 3 Eier, 125 g Zucker, 100 g Butter, 500 g Quark, 2 EL Zitronensaft

Alle Teigzutaten mit zerlassener Margarine zu Streuselteig kneten, die Hälfte davon in eine Springform zupfen, so daß der Boden bedeckt ist. Aus Milch und Puddingpulver einen Pudding kochen, Schmand unterrühren. Eier, Zucker und weiche Margarine kurz verschlagen, Quark, Zitronensaft und abgekühlten Pudding unterschlagen. Masse auf die Streusel geben, den Rest Streuselteig auf den Quark zupfen. Backen.

Backzeit: 45–60 Minuten
Hitze: 180–200 °C

Tip: ***Auch als Blechkuchen, dann bei gleicher Streuselmenge doppelte Belagmenge nehmen.***

Feine Rhabarbertorte

Teig:
250 g Mehl, 65 g Zucker, 125 g Margarine, 1 Ei, 1 gestrichener TL Backpulver, Semmelmehl
Erster Belag:
1kg Rhabarber, 175 g Zucker, 1 Vanillepudding
Zweiter Belag:
175 g Zucker, 4 Eier, 1 EL Zitronensaft, 125 g saure Sahne, 125 g Quark (20 % Fett), 1/2 Puddingpulver

Aus Mehl, Zucker, Margarine, Ei und Backpulver einen Mürbeteig kneten, auf ein Tortenblech rollen, ca. 2 cm hohen Rand andrücken. Rhabarber schälen, in Stücke schneiden, eingezuckert über Nacht stehen lassen. Abtropfen lassen, mit 350 ml Saft einen Pudding kochen, etwas abgekühlt mit Rhabarber vermischen, auf ausgerollten, mit Semmelmehl bestreuten Mürbeteig streichen und vorbacken.
Zucker, Eigelb und Zitronensaft schaumig rühren, saure Sahne, Quark und Puddingpulver zugeben. Zuletzt den steif geschlagenen Eischnee unterheben. Auf die vorgebackene Torte streichen und hellbraun fertig backen.

Erste Backzeit: 25 Minuten,
zweite Backzeit: 20 Minuten
Erste Hitze: 225 °C,
zweite Hitze: 200–220 °C

Sauerkirschtorte

Teig:
4 Eier, 125 g Zucker, 125 g Mehl,
50 g Speisestärke, 1/2 TL Backpulver
Belag:
1 Glas Sauerkirschen à 750 g,
1 Himbeerpuddingpulver,
1–2 EL Zucker,
3–4 EL Sauerkirschkonfitüre,
3 Becher Schlagsahne,
3 Sahnesteif, 3 Vanillezucker,
Raspelschokolade

Warme Eier und Zucker cremig schlagen, Mehl, Backpulver und Speisestärke darüber sieben und vorsichtig mit dem Schneebesen unterheben. Boden backen. Am nächsten Tag quer durchschneiden und mit Konfitüre füllen. Sauerkirschen aufkochen, mit etwas weggenommenem Saft den Pudding anrühren und einrühren. Aufkochen lassen und mit Zucker abschmecken (Masse gut durchkochen). Auf die Torte streichen. Fest werden lassen, dann dick mit geschlagener Sahne (mit Vanillezucker und Sahnesteif) bestreichen. Mit Raspelschokolade bestreuen.

Backzeit: 20–25 Minuten
Hitze: 180–200 °C

Fein auch mit schwarzen Johannisbeeren (Saft mit Wasser auf 350 ml auffüllen).

Sahne-Nuß-Torte

Teig:
75 g Margarine,
1 Ei,
50 g Zucker,
150 g Mehl,
1/4 TL Backpulver
Erster Belag:
2 EL rote Marmelade
Biskuitteig:
2 Eier,
75 g Zucker,
75 g Mehl,
1 Messerspitze Backpulver
Zweiter Belag:
150 g Vollmilchkuvertüre,
100 g Butter,
1 Eigelb,
4 EL Weinbrand,
4 Becher Schlagsahne,
4 Sahnesteif,
2 Vanillezucker,
2 TL rote Marmelade,
50 g Walnußkerne

Margarine, Ei, Zucker Mehl und Backpulver zu einem Mürbeteig verkneten und auf einem gefetteten Springformboden ausrollen, den Ring befestigen und vorbacken, danach mit Himbeermarmelade bestreichen.
Für den Biskuitteig Eier mit Zucker cremig schlagen, Mehl und Backpulver darüber sieben und unterheben. Den Teig über die Marmelade streichen und die Torte fertig backen.
Kuvertüre im Wasserbad langsam weich werden lassen. Weiche Butter mit Eigelb gut verrühren und die fast erkaltete Kuvertüre mit dem handwarmen Weinbrand unterrühren, auf die Torte streichen und fest werden lassen. Gut 3 Becher mit Sahnesteif und Vanillezucker geschlagene Sahne auftragen und vom Rest 16 große Tupfer auf den Rand der Torte spritzen, in jeden einen kleinen Tupfer rote Marmelade geben. Walnußkerne grob schneiden. Die gesamte Tortenmitte mit den Walnüssen bestreuen.

Erste Backzeit: 10 Minuten,
zweite Backzeit: 10–15 Minuten
Erste Hitze: 180–200 °C,
zweite Hitze: 200 °C

Eine ganz hervorragende Torte mit kräftiger, bißfester Schokolade, zarter Sahne und knackigen Nüssen auf einem Tortenboden mit fruchtiger Marmelade.
Als Festtagstorte bestens geeignet – und schneller zubereitet, als zunächst gedacht.

Johannisbeertorte

Teig:
100 g Margarine, 100 g Zucker,
2 Eier, 125 g Mehl, 1/2 TL Backpulver
Belag:
400 ml Milch,
1 Vanillepuddingpulver,
3 EL Zucker, 50 g Butter,
500–600 g frische oder
gefrostete Johannisbeeren,
1 Himbeergötterspeise,
400 ml Wasser, 4–5 EL Zucker

Margarine, Zucker und Eier cremig schlagen, Mehl und Backpulver unterrühren und in eine Springform geben und backen. Aus Milch, Puddingpulver und Zucker einen ziemlich süßen Pudding kochen und die Butter in den heißen Pudding rühren. Die heiße Masse auf den erkalteten Tortenboden streichen und sofort die gut abgetropften Beeren aufstreuen. (Bekommt der Pudding erst eine Haut, halten die Beeren nicht mehr.) Die mit Wasser und Zucker zubereitete Götterspeise noch vor Gelierbeginn darüber streichen, fest werden lassen und den Tortenring abnehmen.

Backzeit: 10–15 Minuten
Hitze: 200 °C

In der Johannisbeerzeit bei Sommerhitze eine erfrischend leichte Torte, die schnell zubereitet ist.

Herrentorte

Teig:
4 Eier, 120 g Zucker, 120 g Margarine,
200 g gemahlene Haselnüsse,
1 gehäufter EL Kakao, 3 EL Weinbrand,
1 TL Backpulver
Belag:
1 Glas Stachelbeeren à 750 g,
1 Vanillepuddingpulver,
2 TL grüne Götterspeise,
3 Becher Schlagsahne, 3 Sahnesteif,
3 Vanillezucker, 50 g Bitterschokolade

Eiweiß mit 50 g Zucker steif schlagen. Eigelb mit dem Rest Zucker und Margarine cremig rühren. Nüsse mit Kakao und Backpulver unterrühren, den Weinbrand zugeben. Einen Teil Eiweiß unterrühren, den Rest unterheben. Backen. Springform mit Tortenring erkalten lassen.
Stachelbeeren mit Saft erhitzen, vorher 1/2 Tasse Saft wegnehmen (insgesamt sollen es 350–400 ml Saft sein). Den Saft mit Puddingpulver und Götterspeise verquirlen, in die heiße Stachelbeermasse rühren, dabei die Stachelbeeren zerdrücken, so daß eine breiartige Masse entsteht. Gut durchkochen lassen. Heiß auf den Tortenboden streichen. Auskühlen lassen, dann die steif geschlagene Sahne aufstreichen. Mit grob geschnittener Schokolade bestreuen.

Backzeit: 15–20 Minuten
Hitze: zunächst 200 °C, dann 180 °C

Rezeptverzeichnis